上杉鷹山像(矢尾板惟一筆，上杉神社蔵)

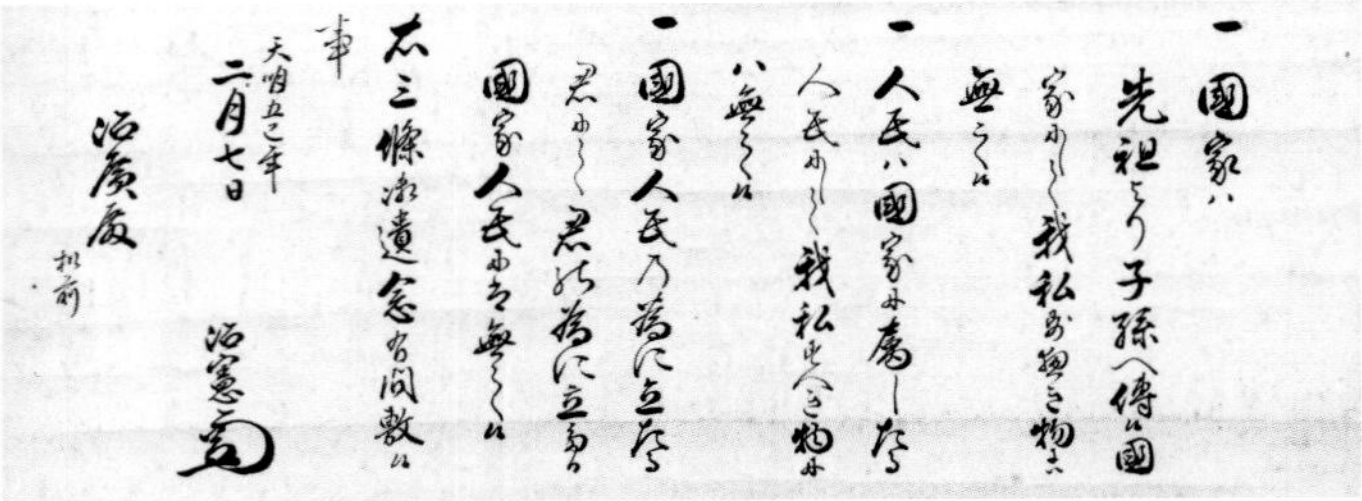

上杉鷹山「伝国の辞」(1785 年，上杉神社蔵)

小関悠一郎
Yuichiro Koseki

上杉鷹山

「富国安民」の政治

岩波新書
1865

目次

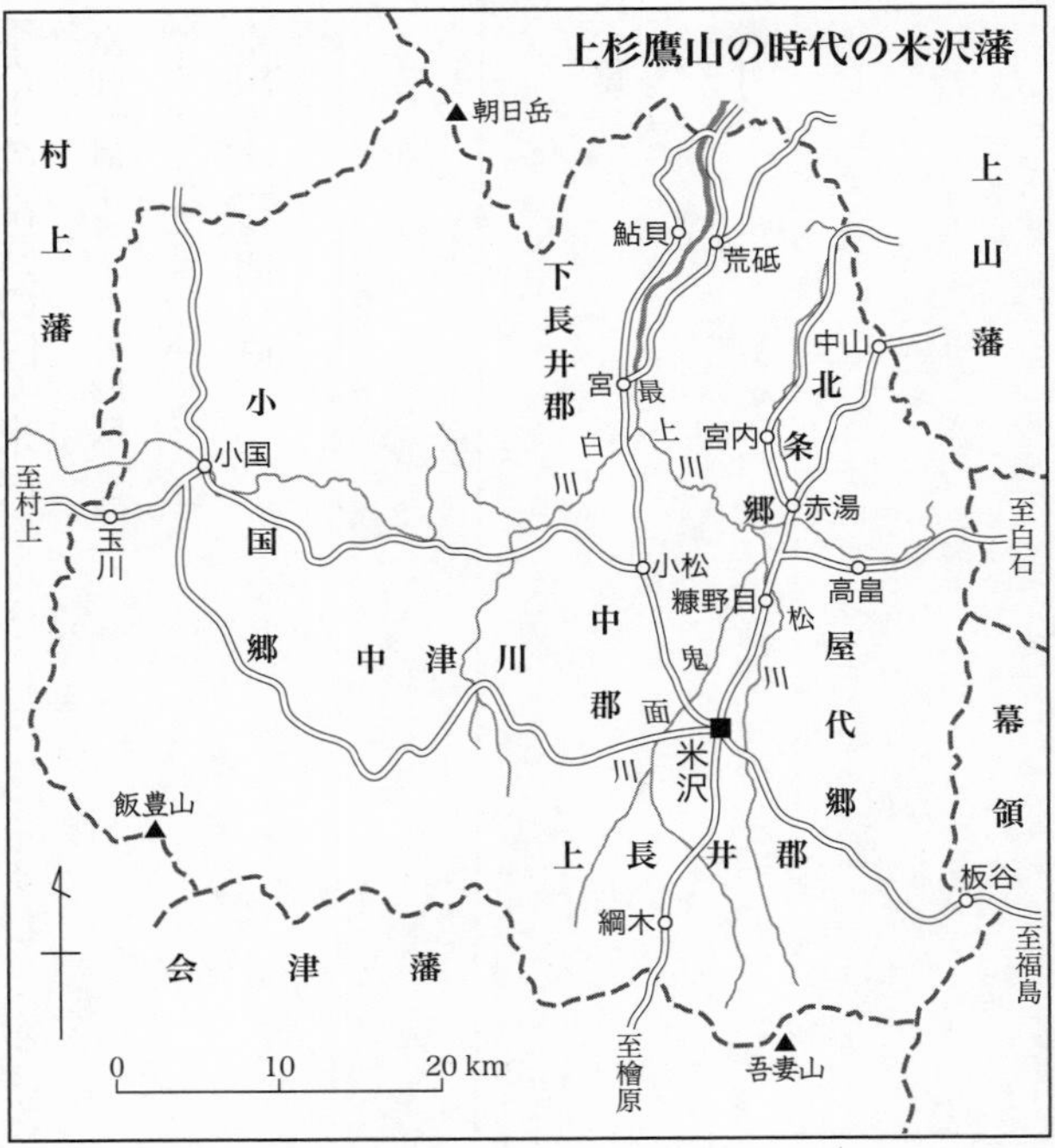
上杉鷹山の時代の米沢藩
朝日岳
村上藩
上山藩
下長井郡
鮎貝
荒砥
中山
宮
最上川
宮内
北条郷
小国郷
小国
至村上
玉川
白川
赤湯
至白石
高畠
小松
糠野目
中郡
松川
屋代郷
中津川
鬼面川
米沢
幕領
飯豊山
上長井郡
板谷
至福島
綱木
会津藩
至檜原
吾妻山
0
10
20 km

米沢藩の主要職制

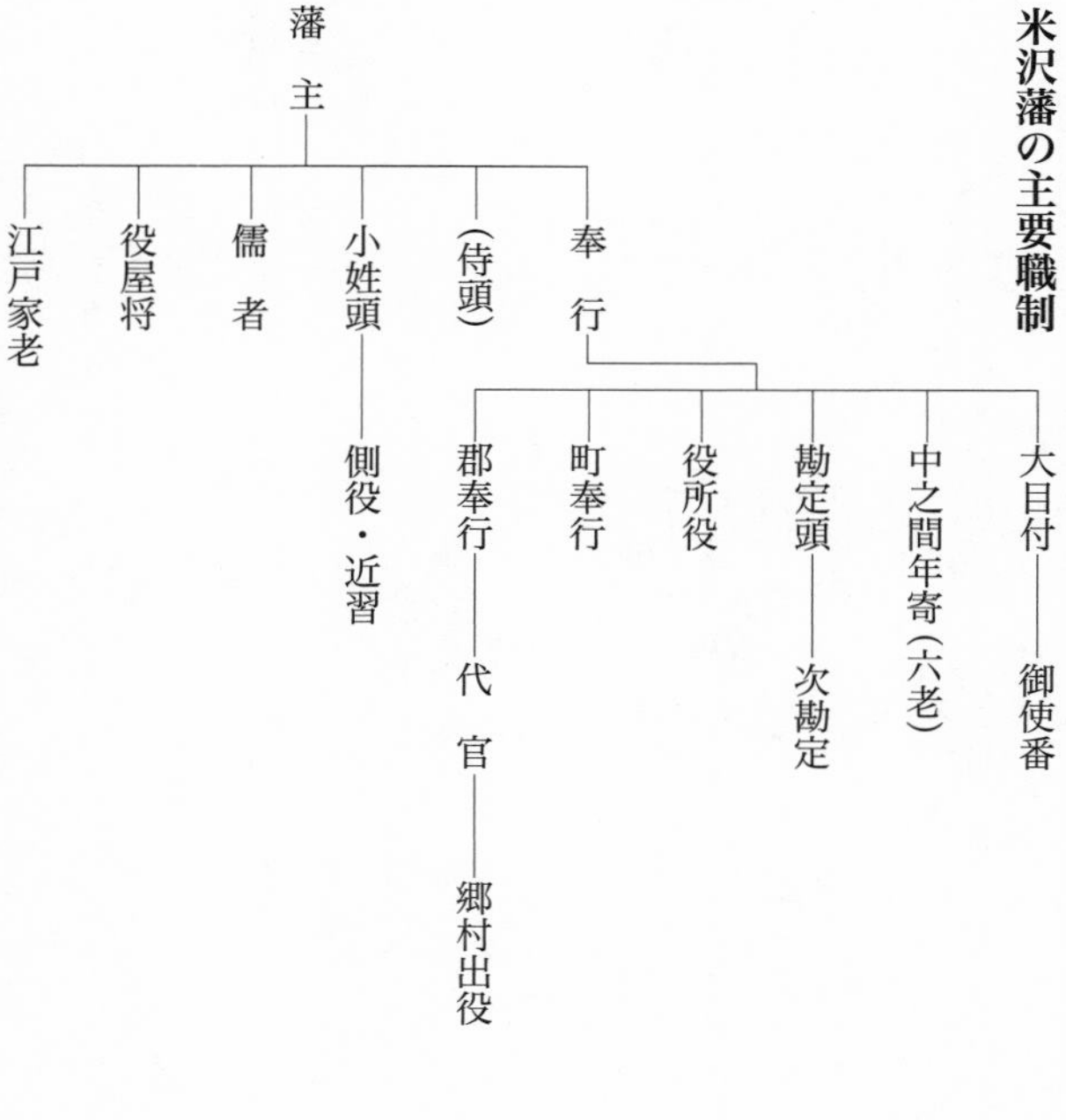
藩主
奉行
(侍頭)
小姓頭
儒者
役屋将
江戸家老
大目付
御使番
中之間年寄(六老)
勘定頭
次勘定
役所役
町奉行
郡奉行
代官
郷村出役
側役・近習

序章　上杉鷹山は何を問いかけているか

理想のリーダー「上杉鷹山」

自治体の首長が理想とするのは上杉鷹山《ようざん》――。読売新聞社が全国の首長に対して行ったアンケートで、理想のリーダーを尋ねたところ、藩財政の立て直しに取り組んだ江戸時代の米沢藩主・上杉鷹山がトップに挙がった。厳しい財政事情に直面する地方の苦悩と再建への願いの表れと言えそうだ。

全国首長アンケート

全自治体（1882、2月1日現在）の首長を対象にしたアンケート（回収率91・3%）で、理想のリーダーとして人物名を挙げた899人中、鷹山と答えたのは146人。2位の徳川家康（66人）を大きく上回った。鹿児島県の西郷隆盛など郷土の歴史的人物を挙げた首長も多かったが、鷹山と回答した首長は43都道府県にわたる。

8年前のアンケートでは、吉田茂、田中角栄両元首相、後藤田正晴元官房長官に次ぐ4位で、今回、一気にトップに浮上した。

上杉鷹山（治憲）（1751～1822年）は、米沢藩（現在の山形県南部）の第9代藩主。膨大な借金で困窮した藩を、新田開発や、漆や紅花の栽培、武士の帰農奨励といった殖産興業策と、「一汁一菜」「木綿着用」などの倹約政策で再生した。藩主の心得を記した「伝国の辞」でも知られる。

1990年と96年に鷹山をテーマにした本を書いた作家の童門冬二さん(79)によると、バブル期には企業の経営者に注目されていた

首長アンケートで上位となった「理想のリーダー」

順位	人物	回答数
1	上杉鷹山	146人
2	徳川家康	66人
3	坂本龍馬	55人
4	吉田茂	44人
5	西郷隆盛	35人
6	小泉純一郎	28人
7	田中角栄	26人
8	松下幸之助	25人
8	吉田松陰	25人
10	織田信長	23人

上杉鷹山（米沢市上杉博物館提供）

読売新聞（2007年3月9日）より

「アジアのアルカディア」

南には繁栄する米沢の町、北には来訪者の多い温泉場である赤湯を擁する米沢平野［盆地］は、まさしくエデンの園である。……晴れやかにして豊饒なる大地であり、アジアのアルカディアである。……美しく産業が盛んで、安楽な暮らしのある魅惑に満ちた地方であり、山々が周囲を囲み、明るく輝く松川がそこを潤している。至る所に富裕で美しい農村集落がある。……私が養蚕の工程を見学した村［集落］の吉田は、そのうちでも最も美しく、潤っている。しかしここでさえも、自分の手を動かし自ら働いていない大人は男女を問わずだれ一人いないし、半裸姿が普通なのは山の村と同じだった。……農地も……この上なく見事に丹念に手入れして完璧な耕作が行われ、気候に適した作物があふれるほどとれるのである。「怠け者の畑」はここ日本には存在しない。（金坂清則訳、［ ］内は訳者注）

明治一一年（一八七八）、東北・北海道と旅行して置賜《おきたま》盆地、すなわち旧米沢藩領（現在の山形県南部）にも足を踏み入れたイザベラ・バードの『日本奥地紀行』の一節である。晴れやかで豊饒なる大地、養蚕業をはじめとして盛んな産業、それによって富裕で美しい農村集落、勤勉な農民の働き、手入れが行き届いた見事な農地の景観。

イギリス・ヨークシャーで牧師の長女として生まれ、旅行家・探検家として世界各地を旅したバードの目には、人々のくらしが織りなす旧米沢藩領の情景が、エデンの園やギリシア神話のアルカディアになぞらえたくなるほど、理想郷に見えていたのだ。

奇妙な一致

このようなバードの描写は一面で、西洋人のオリエンタリズム的な視線によって描かれた牧歌的なものだと言えるのかもしれない。ところが、これとよく似た観察が、幕末〜明治期の日本人によってたびたび記録されていたことは、ほとんど知られていない。実は、幕末期にかけて、次のような米沢藩領の描写が相次いでなされているのである。

貨物は市にあふれ、領民は農作業や機織りに勤《いそ》しんでいる。土地は漆・桑・苧《からむし》の栽培に適して作物に満ち溢れ、……。人々の「風俗」は質実で飾り気が無く人情に厚い。……かつての鷹山公《ようざんこう》の美政が今に続いているのだという思いが浮かんでくる。後を継ぐ者がよくその祖法《そほう》を継承しているのだ。……山から望むと美田が広々と広がり、草木は四方に広がってよく繁り、宿駅・村里を問わず、民は豊かで一軒の廃屋も見当たらない。……君臣が一体となってそうした政治を行い、「富強」を実現しているのだ。

（林鶴梁「米澤紀行」安政六年〈一八五九〉八月、『鶴梁文鈔』巻九、原漢文）

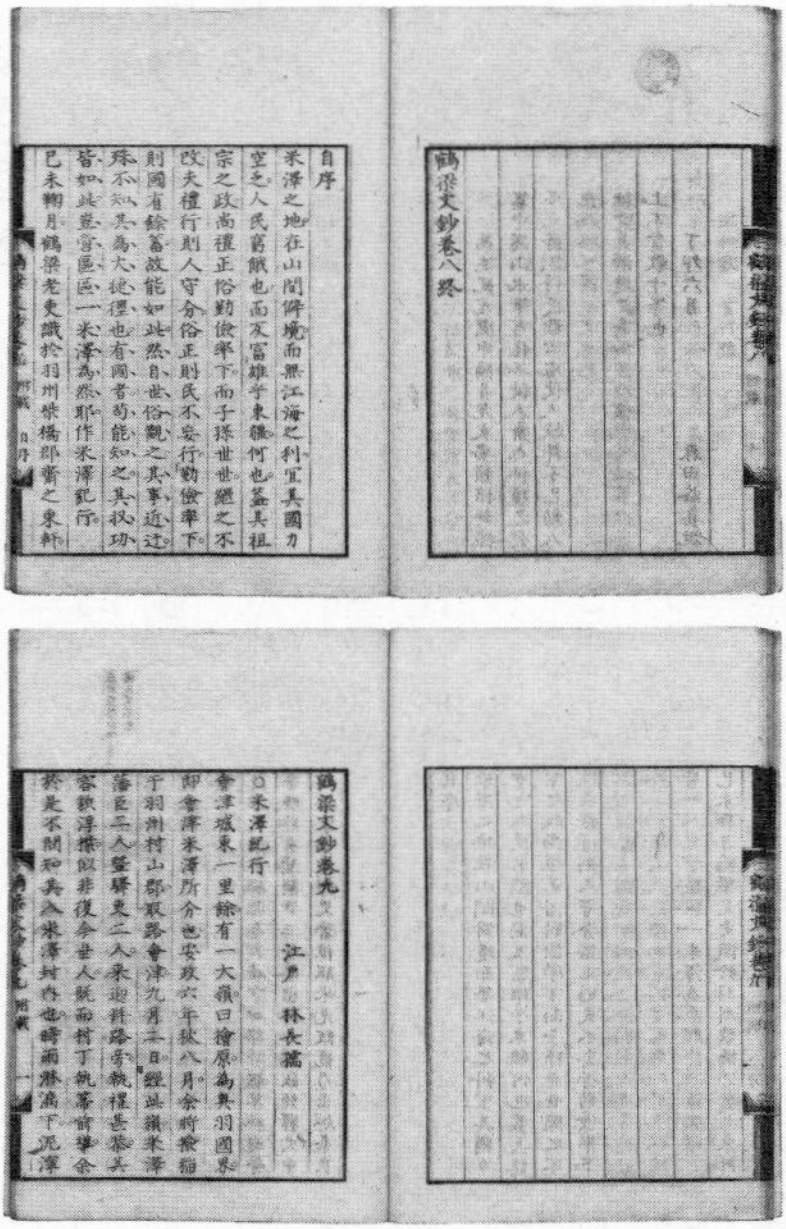
自序
米澤之地在山間僻境而無江海之利宜其國力
空乏人民窮餓也而反富雄于東陲何也蓋其祖
宗之政尚禮正俗勤儉率下而子孫世世繼之不
改夫禮行則人守分俗正則民不妄行勤儉率下
則國有餘蓄故能如此然自世俗觀之其事近迂
殊不知其爲大捷徑也有國者苟能知之其收功
皆如此豈啻區區一米澤爲然耶作米澤紀行
已未鞠月鶴梁老吏識於羽州柴橋郡齋之東軒

鶴梁文鈔巻八終

鶴梁文鈔巻九
江戸　林長孺
○米澤紀行
會津城東一里餘有一大嶺曰檜原爲奥羽國界
卽會津米澤所分也安政六年秋八月余將撿稲
于羽州村山郡取路會津九月三日經此嶺米澤
藩臣二人監驛吏二人來迎拜路旁執禮甚恭其
容貌淳樸似非復今世人既而村丁執箒前導余
於是不問知其入米澤封內也時雨淋漓下泥濘

図0-1　林鶴梁『鶴梁文鈔』（お茶の水女子大学図書館蔵）

林鶴梁《はやしかくりょう》（一八〇六〜一八七八）は、江戸後期の文人代官として知られる人物だ。幕府代官としての任地（出羽国村山郡）に赴く際に通行した米沢藩領を描いた右の一節は、美田と商品作物の生産、藩領の豊かさ、人々の勤勉さにいたるまで、イザベラ・バードの描写と瓜二つと言ってもいい。林鶴梁は、こうした米沢藩のありようを「富強」、すなわち「富国強兵」（！）と呼んで高く評価するのである。

原点としての上杉鷹山

このような見事なまでの藩領のあり方の原点となった人物こそ、改革政治によって藩政を刷新し、「明君(名君)」の誉れ高い第九代米沢藩主上杉鷹山《うえすぎようざん》である。林鶴梁はじめ、近世後期に米沢藩を訪れた学者や武士たちはそう考えていた。同じ頃に著されたいくつもの米沢藩見聞録が、右に引用した林鶴梁の文章とよく一致する内容を記録しているのだ(安井息軒《やすいそっけん》『読書余適』天保一三年〈一八四二〉、塩谷宕陰《しおのやとういん》「浴澤遺香《よくたくいこう》」嘉永二年〈一八四九〉『宕陰賸稿《ようこう》』巻三、肝付兼武《きもつきかねたけ》『東北風談』嘉永三年など)。

上杉鷹山とその改革(祖法)は、幕末期の米沢藩が実現した「富強」の原点なのだ。欧米列強の圧力が強まり、「富強」「富国強兵」の語が重要性を帯びて政治的に浮上する中で、上杉鷹山と米沢藩は、そう評価されていたのである。

明治維新と米沢藩

林鶴梁らによるこの見解はしかし、現在の私たちにとってはかなり意外なものである。幕末の米沢藩と言えば、仙台藩・輪王寺宮《りんのうじのみや》(能久《よしひさ》親王)を盟主とした奥羽越列藩同盟の重鎮として行動し、戊辰戦争で官軍たる新政府軍に敗れたことが思い浮かぶ。米沢藩は、明治維新の過程で明らかに敗者の側に回ったのだ。その米沢藩が、幕末期にかけて鷹山の名声とともに「富強」

の呼び声高かったというのは、いったいどういうことなのか。

第二次世界大戦後すぐの時期、一九五〇年代に注目を集め、現在でも古典とされる明治維新史の研究書を繙《ひもと》いてみると、この謎はいっそう深まる。というのも、そこでは、上杉鷹山や、後述する細川重賢《ほそかわしげかた》・佐竹義和《さたけよしまさ》といった「名君」によって行われた藩政改革こそ、米沢藩・熊本藩・秋田藩が「維新史上に推進的な役割を果たさなかった」原因だ、という見解が示されているからである。すなわち、経済的後進性が顕著で農業生産力の低い米沢藩などでは、藩財政再建に必要な経済発展が民間から起こることはなく、上から強制的に改革（殖産政策や副業の移植）を行わざるを得なかった。そのため、強い危機感と改革意識が藩士全体のものとなることはなく、経済力・軍事力も十分強化されるには至らなかったというのだ（遠山茂樹『明治維新』、奈良本辰也『改訂増補　近世封建社会史論』）。

上杉鷹山の改革は、薩摩藩や長州藩などの西南雄藩の藩政改革とは全く対照的に、幕末維新期の米沢藩の活躍を阻害した要因とさえ見なされてきたのである。

教科書における藩政改革

当時、大きな反響を呼んだ明治維新をめぐる議論の中で示されたこの構図は、実は現行の教科書にまで影響を及ぼしている。現行教科書（特に中学校歴史、高校日本史）における「藩政改革」に関する記述を見てみると、西南雄藩の改革が幕末政局での発言力の強さや明治維新後の模範化に帰結したと明確に記述されているのに対して、米沢藩・熊本藩・秋田藩の場合は、改革を主導した藩主が「名君とみなされた」とか、せいぜい「財政の再建に成功した」との指摘に止まっているのだ。西南雄藩の改革が日本史の流れの中でどういう意味を持つのか、明治維新との関連で非常に明快に説明されるのに比して、改革を主導した藩主が「名君とみなされた」という記述から、米沢藩や熊本藩の改革の歴史的意義を読み取るのは困難である。

こうした教科書の記述内容が、約七〇年前の明治維新史研究の構図とつながりを持つことは、取り上げる改革の事例選択（米沢・熊本・秋田各藩）から見ても明らかだ。こうして、上杉鷹山による米沢藩政改革がどのような歴史的意義を持っているのか、実は現在きわめて不鮮明なままになっているのである（この点は、第五章であらためて考えたい）。

近世史研究の展開と藩政改革像

もちろん、一九五〇年代の明治維新をめぐる議論から現在にいたるまでの間に、近世史研究は、数多くの新出史料を掘り起こしながら、新たな研究視角を次々と打ち出してきた。藩政改革についても、明治維新の結果から遡及して評価する見方を脱し、江戸時代の社会の変容過程で固有の意味を持つ動向として理解されるようになった。例えば、一八世紀半ばが江戸時代を二分する画期であることが明らかにされると(宝暦・天明期論)、同時期の藩政改革は、商品生産の進展とそれに伴う豪農層の登場、百姓一揆などの民衆運動の高揚といった社会の変動に対応した政治動向と理解されるようになったのである。

米沢藩政改革についても、古典ともいうべき横山昭男『上杉鷹山』(一九六八年)や『山形県史』『米沢市史』の刊行等々、様々な実態解明の努力と成果が積み重ねられ、それらは現在の研究の基礎ともなっている。

ただその一方で、米沢藩をはじめとする藩政改革の性格を基本的に「封建反動」と捉える研究史上の見方が十分に克服されたとは言えない。改革を主導した「名君」にしても、支配者階級分裂の象徴とか反人民的な専制君主といった評価が、一九八〇年代頃まで理解の基本とされ続けたのである(林基『享保と寛政』、吉武佳一郎「「名君」たちの虚像と実像をめぐって」)。鷹山の改革の歴史的意義が不鮮明になっているのは、藩政改革に対するこのような見方が長く有力であり続けたことにもよっているだろう。

新たな上杉鷹山像

こう言うと、いや、鷹山が封建的で反人民的な専制君主だなどとは聞いたこともない、近年の多くの本やテレビ番組では、現代の我々にも親しみやすい鷹山の姿と見事な改革のありようが描き出されているではないか、と思われるかもしれない。たしかに、それらの書籍などに登場する鷹山の姿は新鮮で魅力的だ。

現在、私たちが小説やテレビ番組などで目にする鷹山は、なんと言っても組織改革・経営改革のリーダーである。そしてその魅力は、改革の手法や考え方、それらに基づく鷹山の親しみやすい言動にある。だが実は一九八〇年代頃まで、上杉鷹山は敬意を払われながらも「現代的」という言葉とはかけ離れた、古くささを象徴する人物とさえ受け止められていた。例えば、一九六四年の東京オリンピックで全日本女子バレーボールチームを率いて優勝に導き、「鬼の大松」として知られた大松博文《だいまつひろふみ》は、その自叙伝的著作で、「なせばなる……」というよく知られた鷹山の和歌を自らのモットーとしていたことにふれ、自身を「古くさい」「現代ばなれ」した精神の持ち主だと特徴づけている(『おれについてこい!』)。

このことを見てもわかるように、上杉鷹山は、一九九〇年代以降、現代的な経営の精神を理想的に体現した先人として新たに描き直され、社会的な関心を集めることになったのである。

低成長時代を迎える中で「上杉鷹山」は、グローバル化に応じた改革による日本の復活という願望の一翼を担う改革の物語を提供してきた、と言えるのかもしれない。

上杉鷹山モノの特徴

これらの上杉鷹山モノはしかし、鷹山が藩主就任当初からリーダーシップを発揮したことを自明の前提とし、また、三五歳の若さで隠居する頃までのいわゆる〝前半の改革〟に専ら注目して、鷹山の改革を描き出す傾向が顕著である。

たしかに、奉行(家老)竹俣当綱《たけのまたまさつな》を中心とした前半の改革(後述するように、研究史上「明和・安永改革」と呼ばれる)では、藩政の様々な分野でそれまでの制度や慣行を大胆に改める施策がとられ、開発・殖産政策や儒学者細井平洲《ほそいへいしゅう》の招聘、藩校興譲館《こうじょうかん》の設置など、様々な模索を重ねて改革を大きく方向づける政策が打ち出された。七家騒動《しちけそうどう》(第三章参照)の勃発や竹俣の失脚から鷹山隠居に至る経過など、劇的と言える事件にも事欠かない。

改革を担った家臣たち

だが、鷹山が当初から藩政改革に燃えて藩主に就き、鮮やかな政治手腕によってリーダーシップを発揮したのかといえば、それは必ずしも自明のことではない。例えば、熊本藩の宝暦改革を指導した「名君」として鷹山とともに知られる細川重賢の場合、重賢が残した日記などをはじめ当時の記録(藩政史料)には、政治の話題は一切なく、重賢がどう熊本藩政を指導したか、確実な史料からは判然としないという(稲葉継陽・今村直樹編『日本近世の領国地域社会』第二部第一章)。

「名君」が改革を主導したというのは自明のことではなくなり、現在の研究ではむしろ、藩士各層がいかにして改革の担い手になりえたのか、学問・知識の受容と現実への応用の過程を解明する方法がクローズアップされてきている(金森正也『藩政改革と地域社会』、小川和也『牧民の思想』など)。

そうであるとすれば、改革を担った家臣たち――奉行などの重臣から、民政の現場を担った役人たちまで――の教養・考え方や行動、彼らと鷹山との関係にもっと光を当てることが必要なのではないか。そうすることではじめて、鷹山の改革とその理念をくっきりと読み解けるのではないか。近年の研究動向はそう教えているのだ。

明君とは

また、そもそも、「明君（名君）」とは何だろうか。この点、かつての藩政改革論が「名君・賢宰」を強力な改革主体・政治指導者と捉えてきたのに対して、近年の研究では、「明君」というイメージ――明君像――そのものの形成過程や、明君像の社会的な受容・機能に関心が向けられはじめている。すぐれた君主の言行録である「明君録」などを通じて、「明君」というイメージがいかに形づくられるのか、また、そうして形成された明君像が、現実の政治・社会においていかに受けとめられ機能したのかという問題が、研究史上に浮上している（小関悠一郎『〈明君〉の近世』）。「めいくん」（明君・名君）という用語自体、能力よりも徳性を含意する点（『深谷克己近世史論集』第二集）や当時の用例に沿って、「明君」の表記が用いられるようになりつつある（本書でもこれに従う）。

上杉鷹山が広く「明君」と呼ばれるようになるのは、鷹山存命中からなのだが、当時の人々は何を媒介に鷹山の人となりを思い描いたのだろうか。鷹山の言行を描いた「明君録」が作られたとすれば、そこにはどのような思いや経験が込められているのだろうか。

「富国安民」という理念

次に、鷹山の改革は、日本史の流れの中で、どのような意味を持っているだろうか。十全な解答にたどり着くのは難しい大きな問題だが、本書では、鷹山の改革が政治目標として「富国安民」と「風俗教化」という理念を前面に掲げたことに注目しよう（小関悠一郎『上杉鷹山と米沢』）。

一国の経済力を豊かにすることを意味する「富国」は、近現代の日本で一貫して追求され続けてきた政治・経済の理念である。明治期以後は「富国強兵」が、アジア・太平洋戦争敗戦後は「経済成長」が、日本の国家的目標とされ続けてきたことは周知の事実だろう。上杉鷹山はあたかもそれと重なるように「富国（安民）」を掲げて改革政治に臨んだのだ。とすれば、上杉鷹山と米沢藩政改革は、「富国」を基準とした政治・経済政策の始まりを告げる政治動向なのではないか？

もちろん、一国経済の振興を追求することは、過去の政治に数多く見られるもので、何も鷹山の改革に限らない。近世以前でも、例えば戦国大名の統治・政策を「富国強兵」策と呼ぶことはたやすい。だが、日本の政治が「富国」の語を重要な目標として明示的に掲げるようになったのは、上杉鷹山が生きた時代ではなかったか。そしてそれは、経済成長を至上の価値として進められた近代化のあり方にも接続していくのではないか。

「風俗教化」という理念

では、さきにもう一つふれた「風俗教化」はどうだろう。鷹山の改革では、士民の「風俗」がより良いものになるよう、たびたびにわたり教令や施策を打ち出している。江戸時代に用いられた「風俗」という言葉は、現在の用法とはニュアンスを異にし、衣食住のくらし・働き方・家族関係・行動規範・倫理観などを包括的に表現したものである。現在用いられる「民俗」や「習俗」の語に近い意味合いだと考えれば理解しやすいのかもしれない。

実は、鷹山が生きた一八世紀半ばから一九世紀にかけて、日本社会の「風俗」には大きな転機が訪れていたことが知られている。商品経済の急速な浸透に巻き込まれた民衆が、各々の家経営の存続危機に直面し、勤勉・倹約・謙譲・孝行などの「通俗道徳」を自覚化して、その徳目の実践に意識的に取り組み始めたのである(安丸良夫『日本の近代化と民衆思想』)。

それまでにも漠然と善いとされてきた行動や態度を、多くの民衆が徳目として意識化して実践し、それが社会的規模に拡大していく事態は、明治期以降いっそう顕著になり、日本の近代化過程・経済の発展(「富国」!)に大きな役割を果たしたと言われる。「日本人の勤勉性」などの表現でイメージされる近代日本社会のあり方は、このようにして鷹山の生きた時代に生み出されてきた面が大きいのだ。近世日本における労働集約的農業の展開による生産力発展の動向が「勤勉革命(industrious revolution)」と呼ばれることとも重なる事態である(速水融『近世日本の経済社会』)。

その一方で、民衆がこのような通俗道徳を内面化したことは、通俗道徳の実践と経済的成功を等置することとなり、経済的な失敗は道徳的な自己確立に失敗したからだ、といった社会意識をも生み出した。現代の自己責任論の淵源とも考えられる事態である。

こうした視角から見ると、鷹山の改革はいったいどのように見えてくるのだろうか。

「富国」と「風俗」

以上みてきたように、鷹山の改革が目指した政治は、「富国」の実現とともに、「風俗」改革をどのように進めていくのかという、広範な民衆が直面した課題とも密接に関わるものだった。鷹山の改革は、政治理念をめぐる為政者層の問題であるばかりでなく、近世・近代日本の民衆のありようとも深く関係しているのである。

こうして見ると、鷹山が「明君」として人々を惹きつけ続けている理由は、その改革の理念が、一九世紀以降の日本の政治・社会が一貫して追求してきた経済成長をいかにして実現するかという課題と重なること、かつ民衆レベルの多くの人々のくらしや意識、さらには近代以降の日本社会の特質とも関わっていたことによるのではないか。「富国」と「風俗」、すなわち経済と道徳という一般的問題に、歴史上実在したすぐれた君主＝「明君」はどのように対処したのか？ そうした問いへの一つの解答をはらんでいるからこそ、鷹山の改革は多くの人々の切実な思索の対象となってきたのではなかったか。

このように見れば、鷹山の改革の実相を解明することは、近世、さらには近現代の日本の歩みについて考える手がかりを提供することになると思われるのである。

上杉鷹山と米沢藩政改革

ここで、上杉鷹山とその改革政治の概要を紹介しておこう。

上杉鷹山（一七五一〜一八二二）は、出羽国米沢藩（一五万石）の九代藩主である。竹俣当綱・莅戸善政《のぞきよしまさ》らの「賢宰」を信任して、一八世紀に諸藩で実施された「中期藩政改革」の典型とされる改革を遂行した「明君」として著名なのは、すでにふれた通りだ。

鷹山は、寛延四年（一七五一）、日向国高鍋藩主秋月種美《あきづきたねみ》の二男として江戸に生まれた。幼名は直松《なおまつ》・直丸《なおまる》。宝暦一〇年（一七六〇）に八代藩主上杉重定《しげさだ》の養子となって治憲《はるのり》を名乗った。隠居後に「鷹山」を名乗ったとも言われるが、これは家督を相続した時期からすでに自身頻繁に用いた雅号だった（大乗寺良一『郷土遺聞 鶴城史講』）。

明和四年（一七六七）に襲封して藩主の座に就くと、大倹令《たいけんれい》を皮切りに改革政治を開始、奉行竹俣当綱を中核とし、側近の莅戸善政とともに、郷村《ごうそん》出役《でやく》設置等の農村支配機構の再編成（明和八年頃以降）、細井平洲の招聘や藩校興譲館設置（安永五年〈一七七六〉）などの教学政策・民衆教化、借財整理と藩政運営資金の確保（明和年間以降）、桑・漆・楮《こうぞ》百万本植立て計画・藩営縮織《ちぢみおり》工場の設立等の殖産政策（安永四年以降）など、総合的な改革政策が実施された。改革における備荒貯蓄策や記録所の拡張・編纂事業などは、幕府寛政改革の先取りとしても知られている（藤田覚『近世の三大改革』）。以上が、〝前半の改革〟として知られる明和・安永改革である。

天明二年（一七八二）に専権の強まりへの反発などから竹俣当綱が失脚すると、同五年には鷹山も三五歳の若さで隠居した。隠居後の天明年間（一七八一～一七八九）後半には、竹俣が立案した改革政策の撤回が続くなど、改革は一時停滞したとも言われる。

そうした中で天明七年、鷹山は江戸城にて在職中の善政を将軍徳川家斉《とくがわいえなり》（一七七三～一八四一）から賞され、藩主後見の立場を確立する。寛政三年（一七九一）からは、隠居していた莅戸善政を中老（のち奉行）に抜擢し、〝後半の改革〟が開始される。寛政改革である。改革は、領外商人から融資を得て殖産興業をさらに進める側面を持ちつつ、農村再建を基調として実施され、鷹山死没の翌年に借財を完済するなど、一応の成功をみたと言われている。

他方、前半の改革を中心とする鷹山の政治と言行は、『上杉家近来政事大略』(安永年間成立)・『翹楚篇《ぎょうそへん》』(寛政元年成立)などの明君録により、藩主在任中から全国的に広く知られるようになった。ひとたび確立した鷹山明君像は、時代による変容を蒙りながら、幕末期には政治論の基準として参照され、明治期以降は検定・国定修身教科書に記載されるなど、以後の社会に大きな影響を与え続けている。

〝第三の改革〟

上杉鷹山による改革の概略を簡潔に述べるとすれば以上のようになろうが、本書ではこれに加えて、天明五年に鷹山が三五歳で隠居した後、少なくとも二〇年以上にわたって「改革」が継続されたことに、よりいっそう目を向けたい。莅戸善政を中心とする寛政改革にはすでにふれたが、これに加えて一九世紀初頭の文化年間(一八〇四～一八一八)には、善政の子の莅戸政以《まさもち》による〝第三の改革〟とも言うべき改革の動きが起こっているのである(第四章参照)。

上杉鷹山と米沢藩の改革については、竹俣当綱を中心とする明和・安永改革(〝前半の改革〟)、莅戸善政による寛政改革（〝後半の改革〟）を焦点に描かれるのが通例であり、二つの改革が以後の米沢藩政の基礎を築いたことは間違いない。

しかし一方で、鷹山ばかりでなく、米沢藩自体も「富強」藩として幕末期まで評価され続けたのだとすれば、二つの改革に続く、上杉鷹山熟年期の藩政の展開にも目を向けなければならない。幕末期にかけて米沢藩政や藩領のあり方が評価され続けるという事態には、この〝第三の改革〟も大きく与《あずか》っていると考えられるのだ。それは、米沢藩政改革の歴史的意義を解明する手がかりでもある。従来の鷹山論から抜け落ちてしまった、一九世紀初頭、鷹山が五十代に差し掛かる時期に開始された〝第三の改革〟の実相を明らかにし、それが持つ意義を考えてみたい。

本書の構成

以上を踏まえて本書では、概ね時代順に五つの章を立てて、鷹山の改革の内実を明らかにしていきたい。

第一章は、鷹山の改革を近世の歴史と思想のなかに定位することを目指して、鷹山の改革との関連を意識しながら、近世前期から一八世紀半ばまでの時代像を探る。鷹山の改革への直接的な言及は多くないが、改革がどのような歴史的文脈のなかで生まれてきたのか、理解できるように叙述したい。

第二章は、奉行竹俣当綱の言動を中心に、鷹山と改革を担った家臣たちとの関係を明らかにするとともに、鷹山の改革を特色づける「富国安民」という政治理念がいかにして登場し、改革の過程でどのように定着・機能していったのかを考える。竹俣当綱という改革のキーパーソンは、いったいどのような人物だったのだろうか。

第三章では、鷹山の言行を描いた「明君録」として、江戸時代の人々に最も広く読まれ、鷹山明君像の確立に大きな役割を果たした『翹楚篇』を取り上げる。同時代に書かれた伝記とも言える『翹楚篇』に鷹山はどう描かれているのだろうか。鷹山側近でその著者であり、寛政改革の主導者でもあった莅戸善政は、なぜ『翹楚篇』を著すことになったのか。その背景を追いつつ、米沢藩寛政改革との関連についても考えてみよう。

第四章では、莅戸善政の没後、奉行として藩政を担った莅戸政以による〝第三の改革〟の理念と実態を追究する。困窮した領民の救済と「富国」策はどのようにして進められていったのか。農村に居住して改革政策の実施を担った郷村出役北村孫四郎《きたむらまごしろう》にも注目して、改革政策実施の現場の様相を明らかにし、近世中後期の「風俗」改革とは何だったのかを考える。

第五章は、鷹山の没後、幕末期にかけて、「明君」鷹山に注目した藩外の武士や学者が、鷹山と米沢藩の姿をどのように見、評価したのかを明らかにする。欧米列強の圧力が強まり、幕藩の「富強」化が喫緊の課題として浮上するなか、鷹山の改革は彼らにとってどのような意味を持っていたのだろうか。

各章を執筆するにあたっては、できる限り登場人物の人柄を浮き彫りにするよう意を用いたつもりである。改革の担い手たちの人物像を思い浮かべながら、上杉鷹山の改革が私たちに問いかけてくるいくつかの問題について、考えをめぐらせていただければ幸いである。

第一章　江戸時代のなかの米沢藩

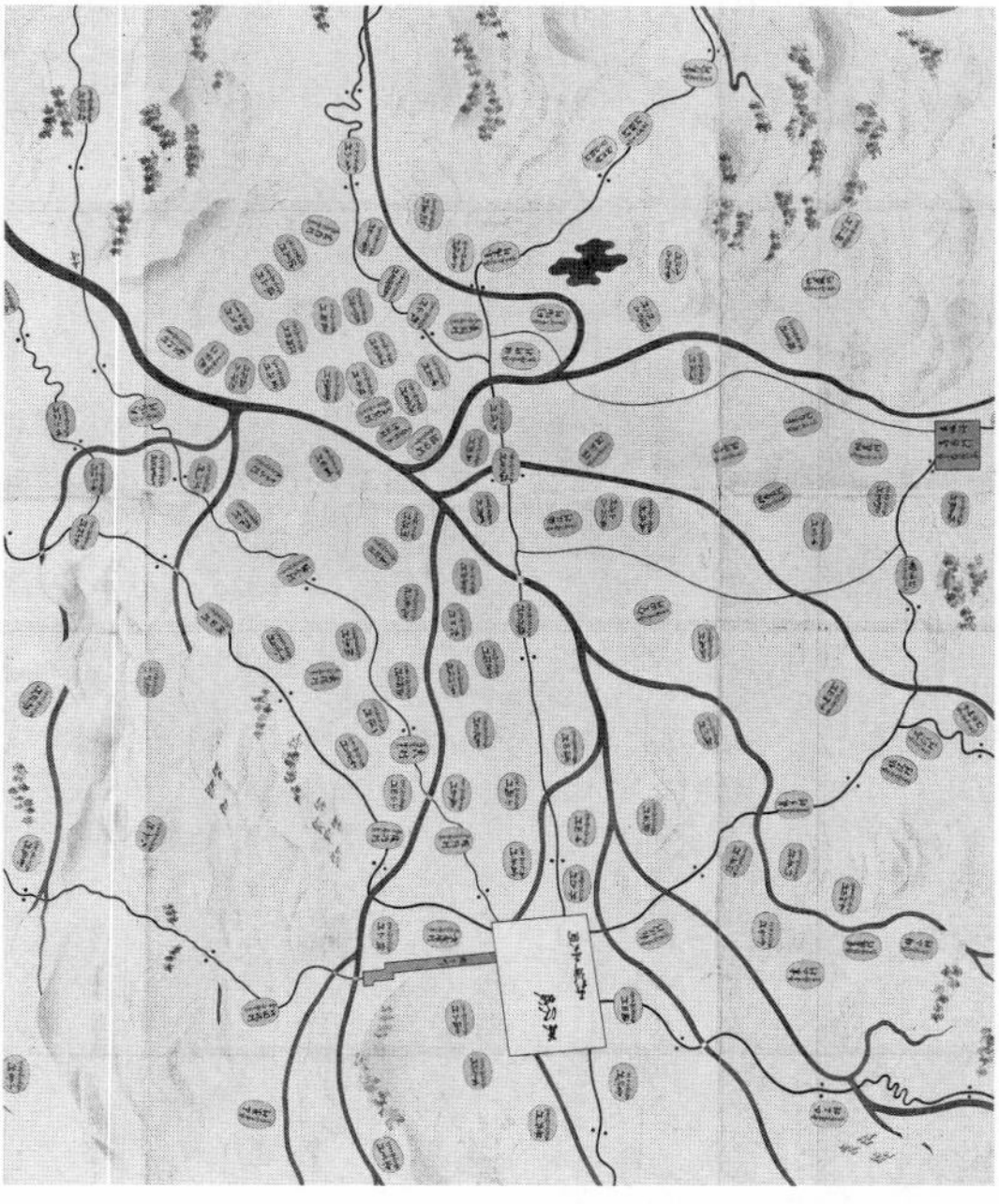

天保国絵図「出羽国米沢領」(部分)

1　開発・成長の時代

されば一天平らかにして、国富み、民やすらか《(安)》なる事、伝聞《つたえきく》堯舜《ぎょうしゅん》の御代、延喜天暦《えんぎてんりゃく》の聖代も、是には過ぎじとぞ覚えし。……騒がしかりし年も暮れ、慶長廿年にぞなりにける。
……いよ〳〵天下太平、国土安穏、めでたき事にぞなりにける。

「富国安民」の理想

関ヶ原の戦いから一五年目の慶長二〇年（一六一五）、大坂冬の陣の経過を描いて講和から一カ月もたたない時期に刊行された仮名草子『大坂物語』の一節である。近世史家の横田冬彦が指摘するように、この一節に含まれる「太平」と「安穏」という言葉には、絶え間なく戦争が続いた時代を生き抜いた多くの人々の願望がこめられていた。それは、たんに戦乱を免れるということよりもはるかに広く根源的な、生きていくことの豊かさをも含んだ、人々の切実な願いだったのである（横田『天下泰平』）。

右の引用で、もう一つ注目したいのは、徳川家康の徳によって、「国富み、民安らか」な世となったという評価だ。近世という時代は「国富み、民安らか」という状態を一つの理想として出発し、次第に「富国安民」を政治の主要な目標として追求していくことになった、そう見ることができるからである。

序章でも述べたように、「富国安民」を政治目標として明確に掲げ、政治の改革に取り組んだ代表的人物が上杉鷹山である。近世という時代に生きた多くの人々の希求に沿いながら、近現代にも継承された「富国」という政治理念を浸透させていった人物。そんな上杉鷹山が登場した江戸時代とは、いかなる時代だったのだろうか。

まずは、鷹山が登場するまでの列島社会と米沢藩が、どのような歩みをたどってきたのか、見てみよう。

一七世紀の米沢藩

関ヶ原の戦いで石田三成と結んで敗者となり、会津時代の一二〇万石から米沢藩三〇万石の大名とされた上杉家は、その後寛文四年（一六六四）、三代藩主綱勝《つなかつ》が跡取りを決めないうちに急逝したため、さらに一五万石まで削減された。にもかかわらず、家臣団の数を削減しなかったことや、吉良家から養子として藩主に迎えた四代藩主綱憲《つなのり》の浪費癖は、必ずと言っていいほど指摘され、よく知られている。こうした事情のため、米沢藩の財政は窮乏の一途をたどったというわけだ。

だがその一方で、実は米沢藩でも、一七世紀の初めから、実質的に「富国」を目指した藩の運営、領内統治を推し進めていた、と見られることはあまり知られていない。経済の中心となる米の増産を目指した新田開発が、藩領を富ませるために大々的に行われていたのである。

開発・成長の時代

徳川幕藩体制が確立していく一七世紀は、列島大開発の時代だった。各地で山野が切り開かれ、用水が整備されて、巨大な面積の耕地が開発され、米を中心とする江戸時代の経済・社会のあり方が定まっていったのである。

開発と耕地の拡大は、新しい町村を生み出すとともに、各地の景観を大きく変えていった。耕地面積は全国で見ると、一六〇〇年頃の一六〇万町歩余から一七二一年(享保六)の二九七万町歩へと大きく増加している(渡辺尚志『百姓の力』)。

農業生産力の増大に伴い、一七世紀を通じて人口も大きく伸びた。全国では一六〇〇年頃の約一五〇〇万人前後から、一八世紀の初めには約三一〇〇万人へと大きく増加したのだ。一七世紀は、農業生産力・人口という面だけとっても、かつてない開発・成長の時代だったのであ

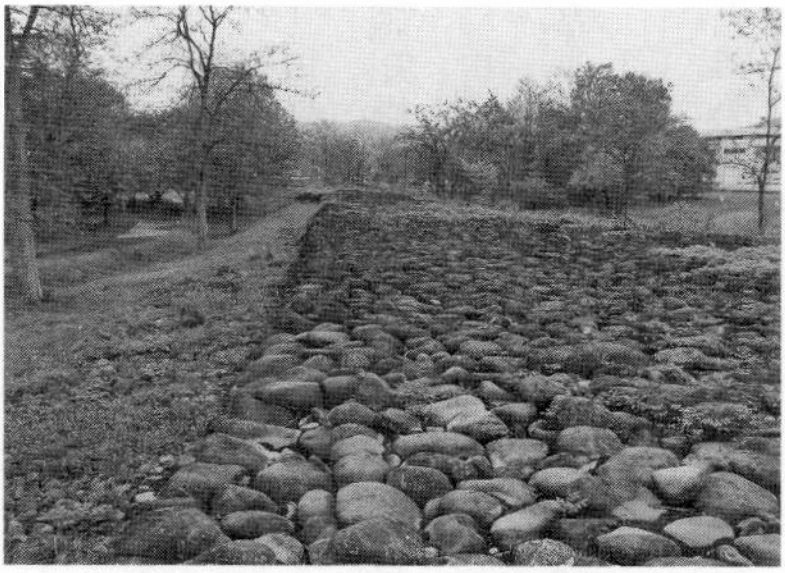

図 1-1　直江兼続が最上川治水のために築いた直江堤（米沢市）

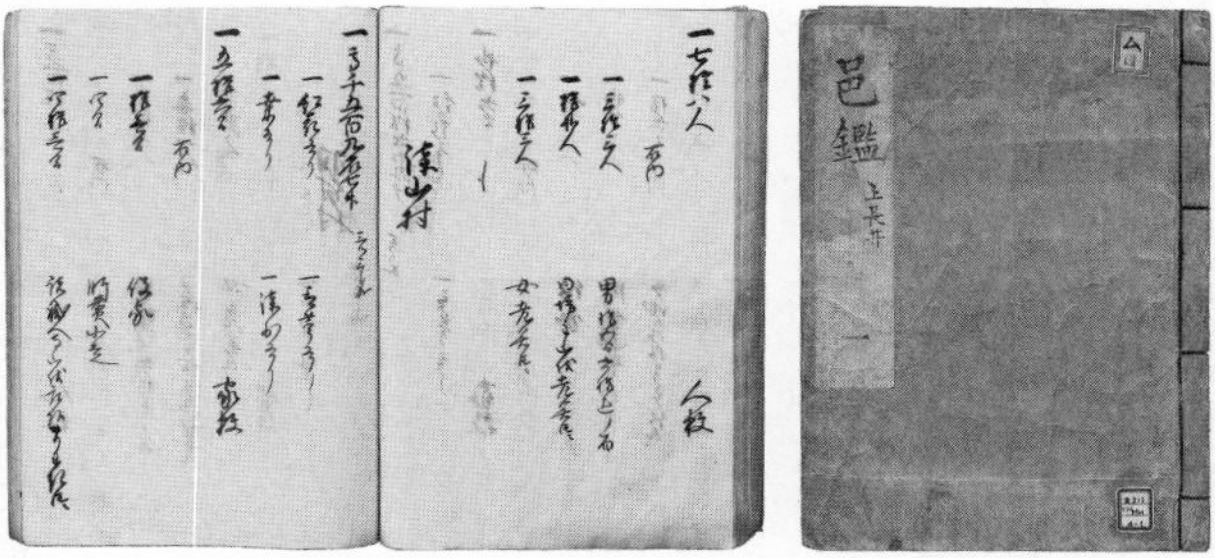

図 1-2　『邑鑑』（市立米沢図書館蔵）

る（なお、耕地面積・人口とも一六〇〇年頃の数値には諸説がある）。

米沢藩領でも、上杉景《かげ》勝《かつ》・直江《なおえ》兼続《かねつぐ》の時代から、土豪とも言われる有力農民や代官らの力によって、次々と治水工事や新田開発が進められ、約二九万石だった実高は、一七世紀半ばには約五一万石まで増大していたと言われる。米沢藩はこれに錐《きり》の立つ間もないと形容される厳しい検地を実施して、年貢の収量を大きく増加させたのである。その一方で、文禄四年(一五九五)に置賜地方全体で四万六〇〇〇人余りだった人口は(『邑鑑《むらかがみ》』)、元禄五年(一六九二)には一三万二〇〇〇人余り(米沢藩領、概ね現在の高畠町域を除く置賜地方)となっている(『米沢市史』第二巻)。一七世紀は、米沢藩でも開発・成長の時代だったのである。

開発政策の陰で

しかし、こうした成長は一方で、大きな矛盾をもはらんでいた。米沢藩が三〇万石からその領知を半分に削減された直後の寛文六年(一六六六)、米沢藩に隣接する幕府の信夫《しのぶ》代官所(現福島市)に宛てて、「米沢十五万石総百姓」の名前で一通の告発状が提出されている(以下、八鍬友広『近世民衆の教育と政治参加』による)。

「寛文目安《かんぶんめやす》」(「信夫目安」)と呼ばれ、のちに義民高梨利右衛門《たかなしりえもん》物語の根拠となるこの訴状は、当時の米沢藩の「悪政」を列挙して指弾したものだ。明暦元年(一六五五)の懸銀・万治二年(一六五九)の附益物成をはじめとする年貢・諸役の過度な増徴が三五万石分にも相当すること、藩の特産品であった青苧《あおそ》(からむし、縮織に用いる糸の原料)の荷造り人足や一日千人の普請人足の徴発で農作業に支障を来していること、物品販売や製造業への不当な課税、完納するまで妻子を雪中につなぎおくなどの厳しい年貢の取り立て、それにより千人以上の百姓が田地・家財を売り払いつぶれたこと……。

実際の施政と合致することが明らかにされているこれらの事態は、開発・成長の時代の中で、その犠牲とならざるを得なかった百姓たちもまた数多く存在したことを物語っている。

政治を見る眼

この目安は、代官所から内々に米沢藩に示された結果、様々な融和策が採られたという。多くの百姓たちの犠牲が後世に遺したものはしかし、圧政の緩和というにとどまらなかった。この訴状が、米沢藩の悪政を強調しかつ物語風に読めるような脚色を施すことによって、「信夫目安」として広く民間に流布し、政治の善悪を庶民に伝える役割を果たしたのである。現存する写本の中には、手習いの教科書である往来物《おうらいもの》風の筆致で書かれたものも存在するといい、上杉鷹山隠居後の〝後半の改革〟(寛政改革)を推進した莅戸善政も(第三章参照)、「信夫目安トテ米沢ノ御政事ヨロシカラヌコトドモヲ数条書キ立テタルモノ民間ニ行レテアリ」(一部送り仮名を補記)として、民間での流布を指摘している(「三重年表」天明二年〈一七八二〉)。こうして、「信夫目安」は民間の人々が領主の政治の善し悪しを冷静に判断する眼を養い、また、ひとたび悪政と判断した時にいかに行動すればよいのか、そうした基準を社会が共有するための媒介の一つになっていった。

「仁政」思想の定着

それは、年貢を律義に上納する百姓に対して領主は常に「仁政」を行う責務があるという考え方を、かつてないほど広範囲の人々が共有することで、恣意的になりやすい領主の政治を前代よりいっそう強く牽制することを可能にしたと言える。こうして、民百姓の生命・生活、経営の維持・存続――「百姓成立《ひゃくしょうなりたち》」――は、社会共通の価値と見なされ、同時に、「民の父母」と言われた領主は、その価値実現のために、治水や種籾の貸与といった平時の「勧農」、凶作などの非常時には年貢減免から炊きだしに至るまでの「御救《おすくい》」を実施しなければならない、という考え方が庶民レベルまで共有されるようになっていった。「仁政」による「安民」を領主の責務だとする考え方は、社会通念・常識として広く民衆にまで浸透し、「仁政」「徳治」の理念は、為政者が容易に無視しえない政治規範として浸透・定着していく（若尾政希『「太平記読み」の時代』）。江戸時代はこうした「仁政」的秩序に基づく政治・社会を徐々に成熟させていったのである。

2　一八世紀の経済変動

開発・成長の限界

ところが、一八世紀の半ば頃から幕府・諸藩の国家財政は赤字を重ね、信用を失墜させて商人らからの資金調達も難しくなる事態が現れ始める。前世紀のような開発・成長を前提とした政治が、限界を迎えていたのである。開発可能な土地はあらかた耕地化され尽くし、拡大した耕地から市場に供給される米の増加は、深刻な米余りと米価の下落をもたらして、領主財政や武士・農民らの生活に深刻な影響を及ぼし始めた。人口も増加がストップし、一八世紀を通じて約三〇〇〇万人で停滞するようになる。

米沢藩領でも、元禄年間(一六八八～一七〇四)をピークに人口は下降に向かい、上杉鷹山の養父重定が藩主の座にあった宝暦年間(一七五一～一七六四)には一〇万人を割り込むに至る。こうして領内の労働力人口の減少が労働者(奉公人)の賃金高騰をもたらし始めると、奉公人を雇用して農地を経営する中規模以上の百姓の経営は圧迫され、多くの手余り地(耕作放棄地)が生まれ始めた。経営が全く立ち行かなくなり破産して村を捨てる禿百姓《つぶれ》(倒百姓)も増え始めて農村

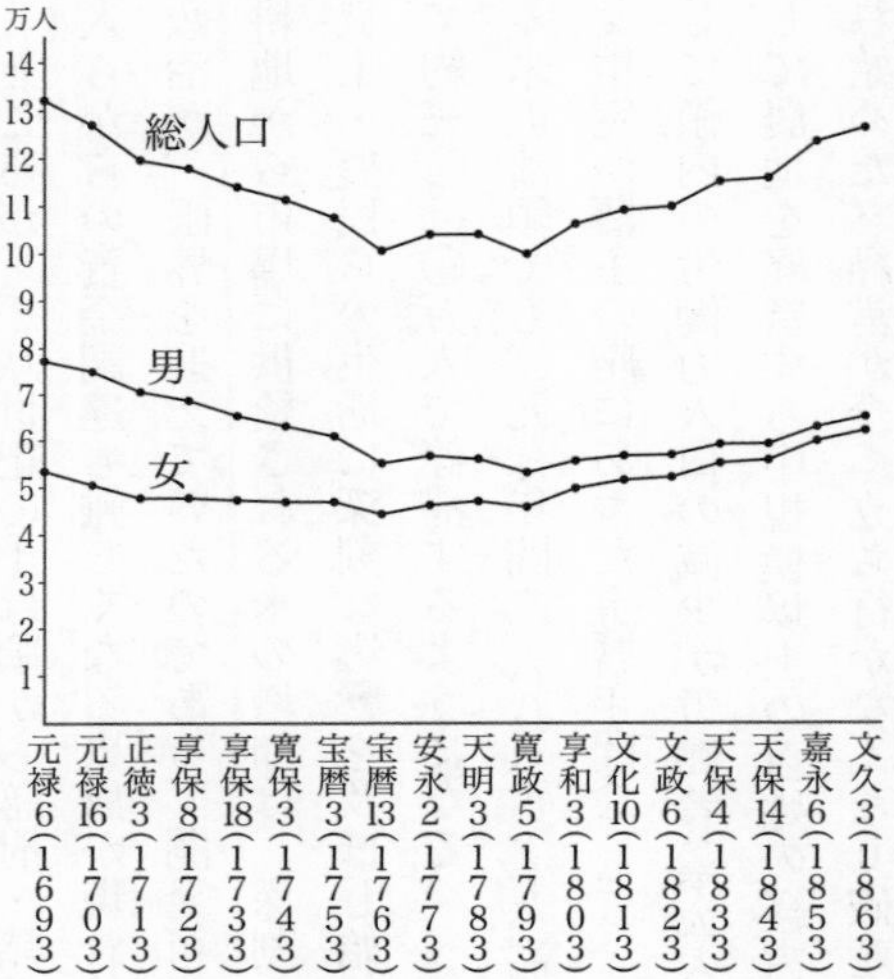

図1-3　米沢藩の人口グラフ（元禄以降）

の人口はいっそう減少し、つぶれた百姓が耕作していた土地は作り手を失い、耕作放棄地はいっそう増加していった。そればかりか、耕作放棄地の年貢は村で負担しなければならず、重い負担となって、村に残った百姓の経営をさらに圧迫することになったのである。安永六年（一七七七）には、幕府が手余り地の発生を防ぐ法令を全国に発令するなど、次第に事態は深刻化していった。

幕藩領主の財政難

こうして、主要産業に伴う税収——米年貢の収納量——自体が減少して、幕藩領主財政は深刻な財政難に直面するようになり、一八世紀半ばにかけて次第に逼迫の度を深めていった。徳川幕府の場合、元禄年間に初めて財政赤字を体験し、享保年間（一七一六〜一七三六）まで幕領石高こそ増加を続けたものの、凶作などによる年貢率の低下にあえぎ、享保以後の改革では財政赤字問題の解決が中心課題となっていったと言われる（藤田覚『近世の三大改革』）。また、熊本藩や会津藩など、一八世紀後半に藩政改革を実施することになる諸藩でも、軒並み財政問題が表面化するようになった。

「御益」追求型の政治

財政難に苦しむ幕府・諸藩は、あらゆる手法で自身の財政収入増大を図るようになった。藤田覚によれば、一八世紀半ばの田沼意次《たぬまおきつぐ》政権は、悪化しつつあった幕府財政の好転を最大の課題とし、産業開発の一方での倹約政策から流通や金融などにまで目をつけて、幕府財政の立て直しを図った（以下、藤田『田沼意次』による）。田沼政権は、「御益《おんえき》」（幕府の利益・財政収入増加）を標語として、あからさまに幕府自身の利益を追求し始めたのである。

「山師」の跋扈

こうした政権の意向を機敏に察知した民間の人々も、「御益」に叶う、「御為」になる（幕府財政に寄与し将軍の利益となる）と理由づけて、「御益」追求策の中心的な役所であった幕府勘定所に様々な事業計画を持ち込むようになった。幕府の組織では例外的に実力主義による出世が可能だった勘定所の役人たちは、政権の方針を敏感に察して、持ち込まれた事業案を「御益」追求策として、競うように政策化していった。

田沼政権の「御益」追求志向に乗って自らの利益を得ようと奔走した人々は、「山師」と呼ばれた。「世にあうは　道楽者に　おごりもの　ころび芸者に　山師運上」と揶揄されもしたように、金銭の才覚に任せて成り上がり、従来の規範や秩序を崩壊させかねない「山師」たちを苦々しく見る人々も少なくなかった。

幕府利益追求の弊害

こうして当時、株仲間や一部の有力農民・商人に事業許可や営業上の特権を与え、それと引き換えに巨額の運上・冥加金を納入させることで、幕府の収入増を図る、そのような構図で次々と新たな政策が実施された。民間から出願された各種の事業を独占的に請け負う「会所《かいしょ》」の設立が次々に認められたのが顕著な例だ。庶民向けの少額金融を扱う銀小貸会所、投機的資金の取引を行う金銭延売買会所、家屋敷を担保とした金銀貸借証文の記載内容を保証する家質奥《かじちおく》印改所《いんあらためじょ》等々がそれで、商品流通から都市金融に関するものまで広い分野にわたる幕府利益追求策が次々と立案・実施されていったのである。

このような積極的な幕府利益追求の姿勢は一方で、成算の有無や社会に及ぼす影響について十分な検討が行われないまま、勘定所に持ち込まれた事業案が政策化される事態をも、時として生じさせた。そのため、右の家質奥印改所のように、大きな問題となり、騒動を引き起こす場合すらあった。

田沼政権の意向を忖度して政策化を急ぐあまり、急ごしらえのずさんな政策まで実施され、それが大きな社会的混乱をも招いたのである。

米沢藩の財政逼迫

実は同じく一八世紀半ばの米沢藩でも、これと似通った事態が現れていた。すでに享保年間に米沢藩領農村の実情や藩政の行き詰まりを物語形式で批判した『笹野《ささの》観音通夜物語《かんのんつやものがたり》』では、農村の疲弊が藩財政の逼迫をもたらしている事態や、農村が疲弊する原因が理解できず拱手する藩役人の姿が描き出されている。一部を見れば次のようである。

「日本全国で専ら「利」を求める政治が行われ、上杉家でも「御為」と言えば、藩の御蔵に入れる金銀を増すことを指すようになった。ところが、藩財政は年を追うごとに逼迫し、家臣

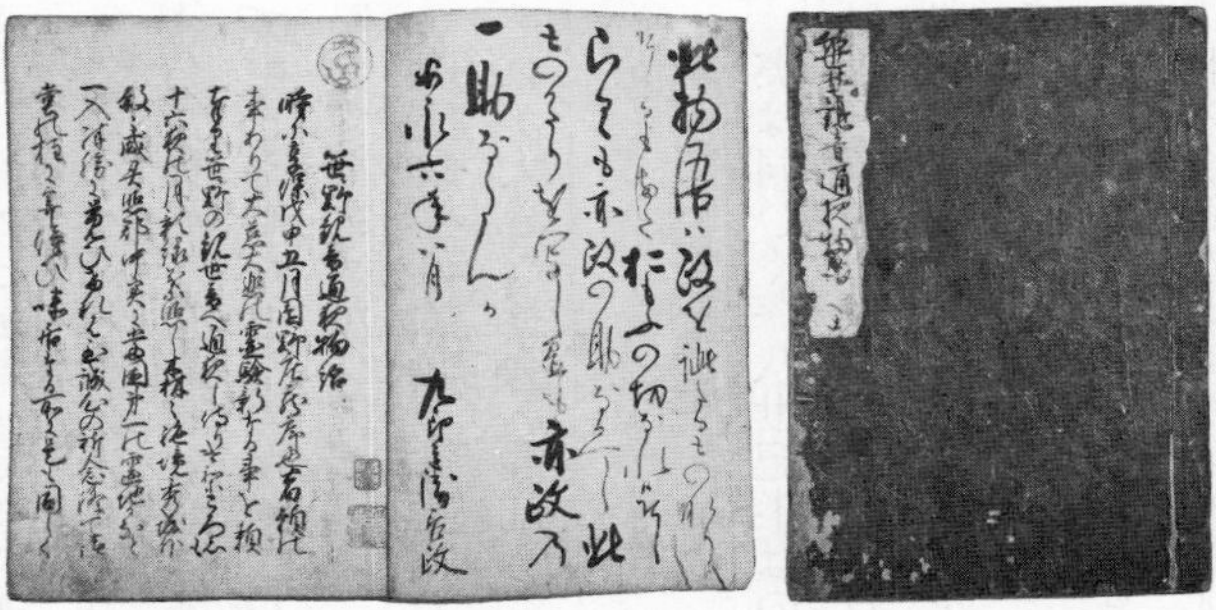

図 1-4　『笹野観音通夜物語』(著者架蔵)

の知行・俸禄の借り上げが続いている。「もはや国家の御大事又危急」である。忠義の藩士たちが連日協議を重ねて頼もしいことだが、さしたる対策も出ていないのは気の毒なことだ。……どうして禿百姓が年々増えているのだろうか。藩財政の逼迫もそこに根本的原因があるのだが……」。

米沢藩でも、藩の金銭的利益をあげることが「御為」(上杉家のため)とされる一方で、藩士たちの協議では妙案が出ないばかりか、百姓たちが暮らす農村の「窮困」の原因すらつかめずにいた、というのである。

こうして宝暦末年(一七六〇年代前半)には、主な都市商人への負債額が五万両を超え、豪華な一級品揃いと言われる上杉家伝来の家宝の多くも質入れせざるを得なくなったと言われる。鍋の金気を取るためには「米沢」と書いた札を貼ればよいと噂されていたという逸話や、老臣たちが、〝「蔵元逼迫」のため、領知を公儀(幕府)に返上するほか無い〟とまで評議するに至った事実はよく知られている。

森平右衛門の登場

藩財政の逼迫が深まりを見せるなか、宝暦年間当時の藩政を特色づけるように台頭してきていたのが小姓頭森平右衛門《もりへいえもん》による側近政治である。森は、はじめ二人半扶持三石取りの与板組《よいたぐみ》士だったが、元文元年(一七三六)に部屋住み時代(家督前)の上杉重定の小姓になると、延享三年(一七四六)に兄の死去により重定が家督を継いで八代藩主となってからも藩主小姓として寵愛を受け続けた。寛延二年(一七四九)に新知三〇石、宝暦五年(一七五五)に御側役・五〇石、同六年には小姓頭次役に進んで侍組《さむらいぐみ》に入り、同八年には小姓頭・二五〇石となった。

米沢藩の組織は、最上級家臣が属する侍組、中級の三手組《さんてぐみ》(馬廻組・五十騎組・与板組)、下士である三扶持方《さんふちかた》などに分かれ、世襲で引き継がれていたから、森の侍組入りは異例の出世とも言える昇格だった。

後年、鷹山のもとで前半の改革の中核を担った重臣の竹俣当綱(第二章参照)が、「頼もしいところもある男だった」と吐露しているように(『国政談』)、森平右衛門は、藩主重定の寵愛を受けるばかりでなく、政治的な才を持ち合わせた人物だった。森は、米沢藩政に大きな力を持つようになると、商業政策や農村支配といった分野で、難局打開に向けた新たな政策を打ち出していったのである。

森政権による利益追求

ところが、森による新政策は、次第に大きな反発を受けるようになっていった。宝暦一〇年六月の北条郷《ほうじょうごう》青苧騒動に際して著された百姓一揆物語『破願雑奸集《はがんざつかんしゅう》』は、森平右衛門の政治を以下のように描き出している。なお、この百姓一揆は、現山形県南陽市を中心とする北条郷の特産物だった青苧に対して、森政権が新たな課税を打ち出した際に、北条郷の村々が起こした反対一揆である。『破願雑奸集』は次のようにいう。

近習の森平右衛門が台頭してからというもの、財政引き締めのためとして、何年も「半知借《はんちかり》上《あげ》」(家臣の俸禄を半分に削減すること)を行い、藩から下賜するものはすべて「御勘略」(簡素化)と称して停止、藩が行うべき神社仏閣の修復も行わない一方で藩主の新御殿は建設する。町・村に対しては増税し、質屋に新たな課税を行うとともに、領内の全個人を対象とした人別銭(人頭税)まで課した。また、御用金の献納を国中に命じ、士農工商の上下も弁《わきま》えず、多額の献金をしさえすれば、身分の低い者でも、「三手入」・「町医並」・「諸城代組」・「木之実御蔵支配」・

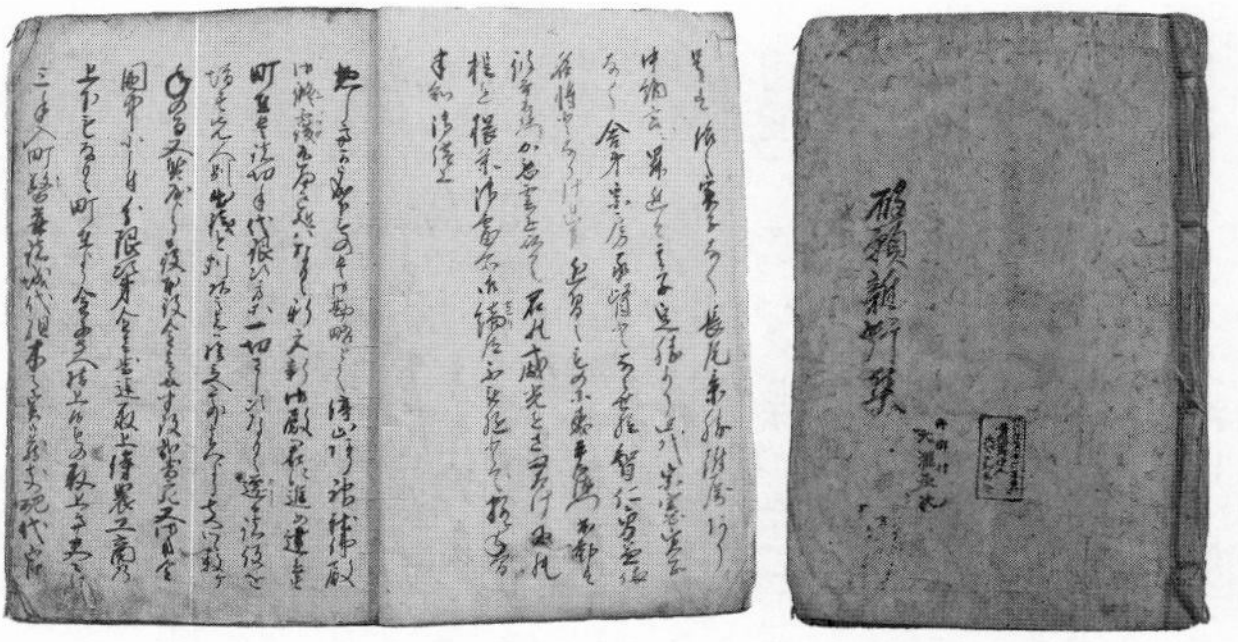

図 1-5 『破願雑奸集』(南陽市夕鶴の里蔵)

「代官支配」等、武士身分などに引き立てられて扶持の付与や苗字帯刀を許されるなど、「金次第に立身」するありさまである。「咎なき侍は渇命に及ばせ、氏無き者どもの立身こそ前代未聞の事どもなり。……昔の勤功には務を書き、今のきんこう《（勤功）》には金をかく《（書）》こそおかしけれ」。

藩主重定の信任を背景とした、商業統制や御用金、人別銭徴収策の実施は、のっぴきならない財政事情の中で考えうる方策の一つだったとも言えるが、そうだとしても、明らかに藩の利益を最優先に追求する施策だった。さらに、そうした施策の実施に際して、その担い手たる新興の農商層に対する武士身分・格式の付与、営業等の特権付与、藩の役職や再編が進められた農村支配機構への登用が行われ、彼らの中に森政権と密接な関係にある者たちが含まれていることが見えてくると、政権への信頼は大きく揺らいだのである。

財政逼迫の契機

さて、こうした米沢藩の財政逼迫については、他藩と比べても極端に深刻だったと見なされることが多いが、その原因を説明する際によく言及されるのが、越後時代以来の段階的な藩領の縮小である。すでにふれたように、上杉氏の領知は、初代藩主上杉景勝の会津時代一二〇万石から、関ヶ原の戦いを経て三〇万石に、寛文四年(一六六四)の藩主綱勝の急死に際しては、綱憲の末期養子《まつごようし》が認められ藩は存続したものの、一五万石に削減された。にもかかわらず、約五〇〇〇人とも言われる家臣団の数を削減しなかったことが財政を圧迫した、というわけだ。

だが、財政逼迫が急激に政治問題化した直接的な契機は、金融の閉塞によって新たな借財が不可能になってしまったことにあっただろう。「入るを量りて出ずるを制す」の語がよく用いられたことに示されるように、江戸時代の藩・大名家にとって、収支の均衡・財政の健全化は重要事である。だがその一方で、財政赤字という理由のみによってつぶれた藩は皆無だ。当面の運営資金が確保できる状況を維持しさえすれば、いかに借財の額が嵩もうとも、藩運営が立ち行かなくなる事態は避けられたとも言えるのである。

ところが、米沢藩は、最大の資金融通元である都市特権商人に不義理を重ねたことによって信頼を失い、彼らからの資金調達が極めて困難になり、後述するように藩士・領民からの信頼も失って、財政問題が一気に深刻化したのである。

蔵元からの不信

江戸本両替商の三谷《みたに》家は、長く米沢藩と関係を取り結び、藩領の特産品である漆蠟《うるしろう》（蠟燭の原料）の蔵元に指定された有力な商家である。ところが、森平右衛門が頭角を現しつつあった頃に、米沢藩の不義理によって信頼関係が崩れると、三谷家は、資金融通の依頼に一切応じなくなり、宝暦四年（一七五四）に幕府が東叡山《とうえいざん》（上野の寛永寺）修復工事を命じた際も、米沢藩の懇願を断然拒否し切っている。三谷家は、定例の挨拶や品物の献上、諸役人への付け届けは従来通り行って義理を尽くしながらも、信義を失わせた米沢藩・森政権の行動に、断固たる姿勢で応じたのである（第二章参照）。

これ以来、江戸・京で上杉家を顧みる金主はいなくなってしまった。かくて米沢藩は、藩士馬場次郎兵衛《ばばじろうべえ》が、「悪寒の苦しみ」と言わざるを得ないほどの事態に陥ったのである（『聿修篇《いっしゅうへん》』文化二年）。

森政権への不満の高まり

さらに、宝暦七年(一七五七)の侍頭兼二之丸奉行平林正相《ひらばやしまさすけ》の罷免、重臣竹俣当綱の知行三〇〇石削禄、世襲代官小島家の改易、その一方での森一族の登用・昇進が重なると、これらが森による恣意的人事・旧勢力への弾圧と見なされるようになる。同一二年に森平右衛門が自身設けた郡代所の頭取を兼帯するようになると、人別銭の徴収や「半知借上」の継続とも相まって、竹俣はじめ譜代の重臣たちは、その専権に対していっそう強い不満を抱くようになった。

幕府への箱訴事件

こうした中で、宝暦一二年から翌年にかけて、米沢藩を揺るがすことになる重大な事案が江戸藩邸に飛び込んできた。何者かが米沢藩政の問題点を列挙した訴状を目安箱に投じ、幕府老中に告発したのである。記録によれば、幕府老中から内々に米沢藩に伝えられた訴状の内容は、上杉家の政道が乱れていること、特に、半知借上によって家臣団の生活は困難を極め、領民も苦しい状況に置かれて、政治は混乱している、というものだった(荻慎一郎「中期藩政改革と藩「国家」論の形成」、同「上杉鷹山の登場」)。

すでに見たように、米沢藩は融資元だった大商人からの信頼を失い苦境に陥っていたが、藩の苦境はそれだけにとどまらなかったのだ。この訴状は、藩の根幹をなす大名と家臣団・領民との関係が深刻に動揺していたこと、幕府との関係で米沢藩が現実にきわめて切迫した状況に置かれたことをはっきりと示しているのである。

次章で述べるように、鷹山が藩主重定の養子として上杉家に入ったのは宝暦一〇年だが、その頃の米沢藩を取り巻く危機的状況は、緊迫の度を深める一方だった。ここに重臣竹俣当綱は森を謀殺するという挙に出て(宝暦一三年二月)、藩政の刷新を図り、改革実施に向けた動きが加速していったのである。

明和・安永改革の始動

かくして米沢藩では、宝暦一二年から江戸家老をつとめていた竹俣当綱が明和二年(一七六五)に奉行(家老)に任じられた後、藩主重定に隠居を迫り(第三章参照)、明和四年には上杉鷹山が家督を相続、同六年には初めての国入りを果たした。財政の立て直しに向けて、特産品の生産奨励などの「富国」策を基軸的な政策とする「明和・安永改革」と呼ばれる前半の改革が始動することになるのである。

商品生産の拡大

そうした改革の内実と、それを支えた思想については次章で詳しくみることにして、ここで当時の特産物生産の発展の趨勢についてふれておこう。

一八世紀の半ば頃、開発の限界・米価低落により幕府・諸藩が財政難に苦しむ一方で、衣類をはじめとする様々な加工品、加工の各工程で必要となる原料の生産が発展してきていた。元禄・享保期から全国的に特産物生産地帯が成立していたが、桐生の織物や村山の紅花、河内木綿をはじめ、各地での特産物生産が飛躍的な発展を見せ始めていたのである。年貢負担や自給のための生産ばかりでなく、売って収入を得るための商品生産がいっそう拡大してきていたのだ。

幕藩政治への不信

こうした発展を目のあたりにした諸藩は、殖産・専売などの流通・経済政策を続々と採用するようになる。各地で発展を見せ始めた商品生産をいっそう推し進め、専売制などを通じてその成果を吸収しようとしたのである。

だが、特権商人・有力農商層らと結びつつ、幕府・諸藩の利益を最優先に立案され、民間に新規の税負担を強いることも多かった殖産・専売政策は、庶民や生産者の利益を損なう面が大きかった。従来の政治が目指した「仁政」による民の生活の安定という理念とは真っ向から対立する政策内容となった場合も少なくない。

一八世紀半ば頃の幕藩政治は、江戸時代の政治・社会がそれまで培ってきた政治・行政の規範を破壊し、貧富の格差をいっそう拡大して、社会不安と秩序の動揺をもたらす方向性をもはらんでいたのだ。この期に続発した百姓一揆などの民衆運動は、飢饉の影響というイメージも強いが、為政者による政治規範の無視・軽視が続いたことによる政治不信の表出という様相もまた色濃かった。

先述の北条郷青苧騒動も、税負担をめぐる暗黙の了解をいとも安易に破り捨てる施策として、百姓たちを立ち上がらせることになった専売制反対一揆の典型例だったのである。

揺らぐ幕藩体制

こうしたなかで多くの人々が希求したのが、「明君」の登場だ。米沢藩における儒学学習グループ菁莪社中《せいがしゃちゅう》の中心人物だった藩医藁科松伯《わらしなしょうはく》(一七三七～一七六九)が同藩士小川尚興《おがわひさおき》に書き送った書簡の一節は、一八世紀半ばという時期に「明君」の登場が希求された理由をよく示している。藁科はいう、「大名は誰も彼も華美な生活の中に生まれ育っているので、財政赤字の原因などはさっぱり、というありさまです。そんななか、少しでも厳しい年貢取立や慣行を破る新法が出されれば、年々うち続いてそこかしこから〝一揆徒党〟の情報が入ってきます。これは、そろりそろりと天下が揺らいでいる兆候なのではないでしょうか……」(明和五年〈一七六八〉)と。それまで疑う余地のない盤石さを誇るように見えた幕藩体制が揺らぎ始めているのではないか。藁科はそう感じるのである。

幕府・諸藩と庶民・生産者との利害が交錯して対立し、多くの人々が政治・為政者に対する不信を募らせて社会秩序が動揺する状況のもとで、どうすれば「仁政」が実現できるのだろうか。「御救」と「勧農」という従来型の産業政策・社会政策が機能不全に陥る中、状況を打開するための新たな政治・政策のあり方と「明君」の登場が切実に求められていた。

第二章　「富国安民」をめざして

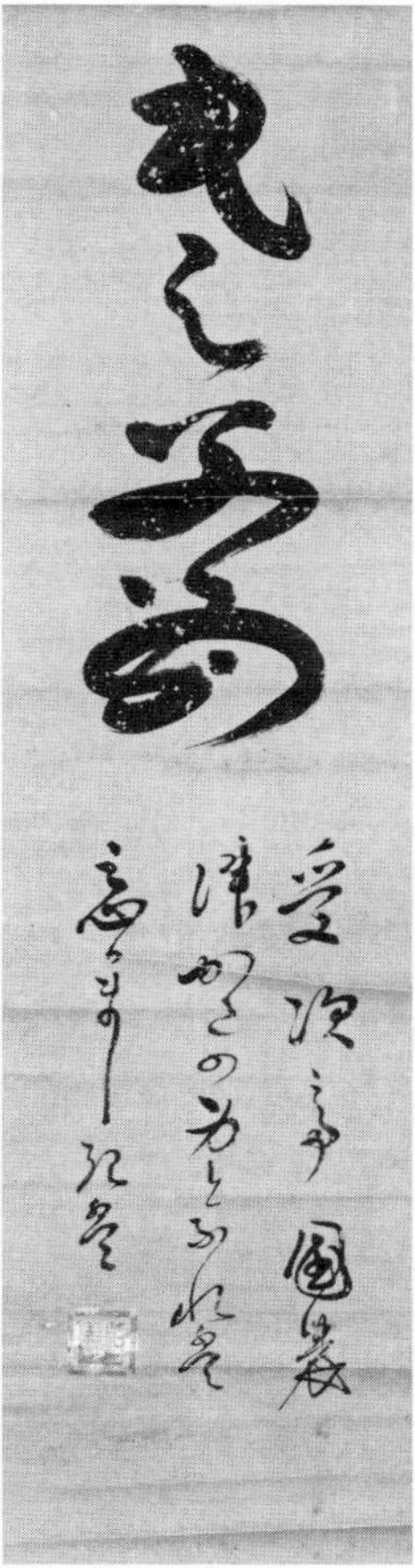
上杉鷹山和歌「民の父母」(一七六七年、上杉神社蔵)

1　江戸時代の「富国」論

「殖産興業・富国強兵」という目標

幕府の寛政改革の研究を主導してきた近世史家である竹内誠は、一九八九年に刊行された日本史の通史シリーズの一冊で、上杉鷹山の〝前半の改革〟(米沢藩の明和・安永改革)について次のように言及している。

竹俣当綱を中心とした明和・安永期(一七六四〜八一)の改革……農民生活の安定、藩の収入増加へむけて殖産興業政策も打ちだされ……安永四年九月に出された漆・桑・楮各百万本植立計画は、一〇年後に三万二〇〇〇両余の収益を見こみ、寛文四年(一六六四)に削減された一五万石に相当する分の実益を目ざした……。翌安永五年には藩営の縮役場を設け、織物技術の導入をはかっている。……越後松山の縮師数人を招き、城下町と下長井小出村肝煎宅に藩営の縮製造工場を設立……、いわゆる米沢織の基礎が築かれることとなった。……この殖産興業政策こそ、まさに強力な富国強兵策であった。(竹内誠『江戸と大坂』)

合計三百万本もの漆・桑・楮の木の植栽計画、後年の米沢織の基礎となった藩営縮織《ちぢみおり》工場の設立。積極的で大規模な殖産政策の実施は、奉行(家老)の竹俣当綱を中心とする前半の改革の最も顕著な特色の一つである。これらの事業によって、寛文四年の領知半減以前に米沢藩が領していた三〇万石分の財政収入を得ようという壮大な計画であった。

ここで注意してみたいのは、上記の積極的経済政策が、「富国強兵策」とか「殖産興業政策」と呼ばれていることだ。これらの言葉は、歴史分野の教科書にも大きく取り上げられ、明治期以降の日本の国家目標としてよく知られている概念である。同時にそれは、戦後の「経済成長・国際競争」とともに、生産力の増強による経済の成長・拡大、それによる国力増進を至上の価値としてきた近現代の歩みを象徴する概念でもある(山本義隆『近代日本一五〇年』、なお小関悠一郎『上杉鷹山と米沢』も参照)。

竹内の言及によれば、米沢藩明和・安永改革は、「殖産興業・富国強兵」に比すべき内容を持っていた、ということになる。そうだとすれば、鷹山の改革は、経済成長を至上の価値とする考え方に拘束されている現代の私たちと同じ地平に立っているると言えるのだろうか?

「富国安民」を目指した政治

もちろん、竹内の言及は、米沢藩の改革を明治期以降の「殖産興業・富国強兵」の歩みになぞらえて表現したものと見るのが妥当であろう。同じく「殖産興業」とは言っても、両者では内実が大きく異なるのだから当然である。

しかし、政策の内実は異なれども、ひとたび「富国」という用語に目を向ければ、この概念が政治の目標として社会的規模で大きな意味を持ち始めたのは、後述するように、実に明和・安永改革が実施された一八世紀後半以降のことだと見られるのである。

そして、そうした事態がとりわけ顕著に表れたのが、米沢藩の改革なのだ。「富国安民の事は、郷村、(農)業を勤るにあり」(竹俣当綱『農家立教』)、「国を富まし民を安んずるは、地の利を尽くすにとどまり……」(上杉鷹山「上意」、『農家立教』所収)、「富国安民の御国革」(莅戸政以『子愛篇』文化二年〈一八〇五〉)。上杉鷹山はじめ、改革の中心人物たちは、このように「富国安民」という語を藩政の目標として主唱し続けたのである。

いったい、「富国安民」という政治理念は、どのようにして編み出され、いかなる意味内容を持っていたのか。それは、改革の推移、以後の政治にどのような意味を持つことになったのだろうか。

竹俣当綱という人物

ところで、「富国安民」という言葉に関連して、「国益」という新たな経済概念が一八世紀半ばに登場したことが知られている。富の再分配を意味する「御救」というそれまでの経済概念とは異なり、富の無限の拡大を志向する「国益」が、中国の古典には見当たらない日本固有の新たな経済概念として史料上に頻出するようになる、というのである（藤田貞一郎『近世経済思想の研究』）。

図 2-1　竹俣当綱像（米沢市上杉博物館蔵）

実は、そうした「国益」を論じた人物の一例として挙げられているのが、竹俣当綱である。さきに示したように、竹俣は「富国安民」を掲げて改革を主導し、「殖産興業・富国強兵」に比すべき産業政策を遂行した人物でもある。米沢藩政改革での活躍にとどまらず、経済思想史の面でも注目されることのある竹俣当綱とはどのような人物なのか。まずはここで、その略歴を紹介しておこう。

竹俣美作《みまさか》当綱（一七二九～一七九三）は、米沢藩の重臣の家に生まれた。宝暦一一年（一七六一）に江戸家老、明和二年（一七六五）に奉行に任じられて改革を推し進め、異例の大倹政策、備米蔵の設置や地方支配機構の再編、儒者細井平洲の招聘や藩校興譲館の設置等、多方面にわたる改革政策の立案・実施に活躍した、米沢藩政改革の中核的人物である。ところが、次第にその竹俣に権力が集中するようになると、専横とも取れる言動も目立つようになり、ついに天明二年(一七八二)には専権の行き過ぎなどの理由で失脚することになった。しかし、その後も晩年まで藩政に関心を持ち続けた竹俣は、自らの改革構想を多くの著述としてのこし(市立米沢図書館竹俣家文書)、近年その研究が深められてきている。

本章では、この竹俣当綱という人物に焦点を合わせて、鷹山や竹俣が「富国安民」という理念を掲げて改革を進めるに至った過程とその背景を解明してみたい。いったい、竹俣当綱は、鷹山とどのような関係を取り結び、いかなる思想に基づいて藩政改革を構想したのか。以下で探っていこう。

2 竹俣当綱と上杉鷹山

江戸家老として

竹俣美作当綱は髭の濃いたちである。朝に剃っても、夕刻には頰からあごにかけたあたりがかなり黒くなる。／髭もいっそのび切ればやわらかくなって、剃る手間もはぶけるのだが、国元勤めとは違い、米沢藩江戸家老として誰に会うかわからないいまは、……表御殿の御用部屋に出仕するときは律儀に髭を剃ってくる。／……「……直丸さまのご学問は、近ごろいかがですかな」／「それがです、ご家老」／と松伯は言った。／「元来が明敏の御素質をそなえておられる上に、ご実家のお仕込みがよほどよろしかったとみえて、いやはやご学問のはかどること。……」／……「それはたのもしいことでござる……」

（藤沢周平『漆の実のみのる国』上）

図 2-2　藁科松伯像（米沢市上杉博物館蔵）

上杉鷹山が米沢藩の世子《せいし》（世継ぎ）だった宝暦一二年（一七六二）と思しき頃の竹俣当綱の様子、藩医藁科松伯との会話を描いた、藤沢周平『漆の実のみのる国』の冒頭部分である。宝暦一一年八月、竹俣当綱は江戸家老に任じられ、翌一二年八月、藩主重定の参勤に供《ぐ》奉《ぶ》して江戸に出た。江戸の藩邸には、二年前の八月に、高鍋藩一本松邸から養子として米沢藩桜田邸に移ってきた「若殿様」鷹山がいたのである。

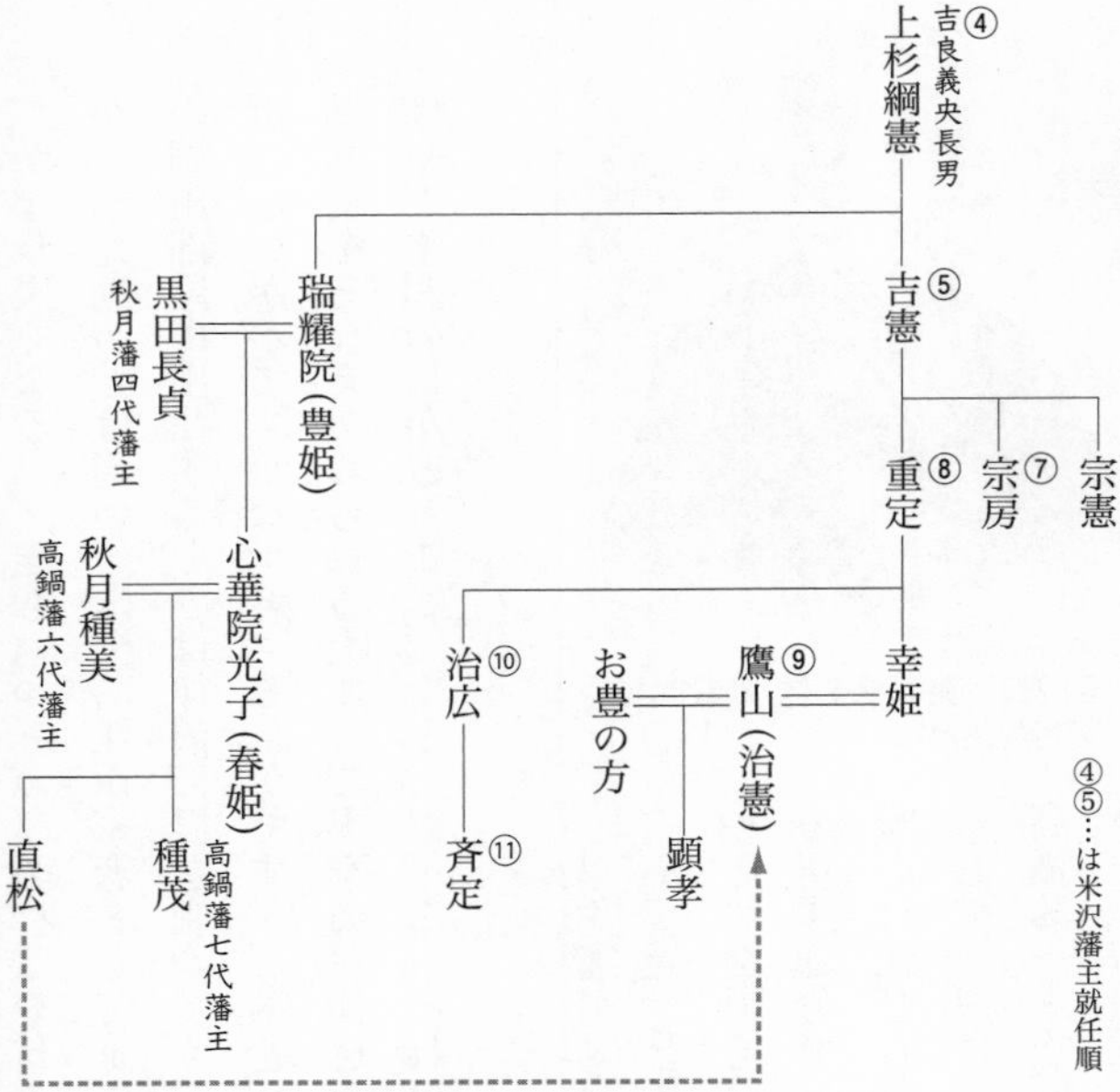

図 2-3　上杉家略系図

宝暦九年に上杉家の養子に内約し、翌年の八月一九日に米沢藩邸に入った上杉鷹山は、竹俣と初めて面会した時には数え一二歳の少年だった。鷹山は、寛延四年（一七五一）、日向国高鍋藩三万石の大名秋月種美の二男（第四子、母は正室心華《しんか》院光子《いんはるこ》）として、同藩の江戸一本松邸に生まれている。心華院光子の母瑞耀院《ずいよういん》（筑前国秋月藩主黒田《くろだ》長貞《ながさだ》室、鷹山の祖母）が、上杉家の出であり（四代藩主上杉綱憲の子）、綱憲の曽孫でもある直松（鷹山）が孝心厚く聡明であるとして、重定の子幸姫《よしひめ》にめあわせて世子とすることを希望し、重定がそれを受け入れたという。

竹俣当綱の憂い

だが竹俣当綱は内心、この直松を上杉家の次期当主として迎えた養子縁組が気に入らなかった。上杉家の家風や家格、米沢藩の国情や人情を何一つ知らない小藩の末子を、名門たる上杉家の跡取りに据えることが好ましくないと思ったのである。だが、鷹山との養子縁組が決まった宝暦九年、竹俣は重臣の家に生まれたとはいえ、何の役職にもつかない、いわば平の藩士だったから、この縁組に対しては口出しを許されなかった。まして当時は、側近として藩主重定に気に入られ権力を握った森平右衛門が藩政に大きな影響力を持ち、竹俣は宝暦七年に槍術の師平林正相の江戸出府の餞別に短刀を贈ったことを咎められて、家禄三〇〇石削減の処罰を受けていたのである。こうした状況で、あれこれ思案しても成案は浮かばなかった。

そこで竹俣は、こう思い直すことにした。上杉家に生まれた殿様方も皆が君子だというわけではない、「ご養君」(鷹山)がどのようなお人であっても、君主としての徳を磨いて米沢藩を再興しなければばならない、と。いずれ上杉家に入る養君を玉のようにお磨きすべし、と待ち構えていた竹俣に、鷹山が暮らす江戸で任に当たる江戸家老就任の命が下ったのである(以上、竹俣

当綱『治国大言録《ちこくたいげんろく》』天明六年〈一七八六〉。

君主の資質

宝暦一二年、江戸に上った竹俣は各方面に心を配り、鷹山の様子を窺い、何度も鷹山の部屋に忍び込んで、藩主としての心構えから米沢藩の歴史・風土に至るまでを説き聞かせた。目の前の少年が立派な上杉家の当主に成長してくれるのか、とにかく心配で仕方なく、常々気を揉んでいたのである。ある時には、少年の鷹山を前に気持ちが高ぶり、「さあ、御家の立つも立たざるも、おまえ様のお心一つ、一〇万人が苦しむも楽しむも、おまえ様のお心一つ」と涙ながらに訴えかけたこともある。竹俣がそれほどに鷹山の行く末を気にかけたのは、一つには、竹俣から見て、鷹山の実父秋月種美、養父上杉重定がともに凡庸な君主で、その後をつぐ鷹山に藩主としての資質が備わっているか心配したからだった(以上『治国大言録』)。

藁科松伯

「安民」の実現という志を共にし、厳しさを増す藩政の現状を打開しうるような藩主を育てるにはどうしたらよいのか——。

江戸家老となった竹俣当綱が、勤めの傍ら鷹山の教育に取り組んだ時、その相談相手となったのが、菁莪社中の学問的リーダーでもあった藩医藁科松伯である。聡明な学者として知られた藁科は、元文二年(一七三七)の生まれで竹俣より八歳年少だったが、竹俣は「松伯先生」と呼んで、その学識や人柄に常々敬意を払って接していた。

米沢藩と鷹山の行く末を案じる竹俣に対して藁科は、藩外の高名な儒学者に鷹山の教育を依頼することを提案した。こうして、「詩文家では当時の名家」(『三都学士評林』明和五年〈一七六八〉刊)と言われ、漢詩文の大家として当時名声を博しつつあった儒学者細井平洲(一七二八〜一八〇一)に白羽の矢が立ったのである。

細井平洲の招聘

藁科が江戸市中で平洲の辻講釈を耳にしたことが契機になったとも言われる平洲の招聘はしかし、簡単なことではなかった。学問に関心を示さない藩主重定の態度が大きな障壁になったからである。竹俣が若殿鷹山に学問の大切さを説く傍らで重定は、上杉駿河守(勝承《かつよし》。支藩藩主)は学問好きだから骨気(骨組み・気性)が悪くなったのだとか、畠山飛驒守殿(高家衆《こうけしゅう》と呼ばれる米沢藩の別格の上士)が儒学の講釈を聞かれて気分を悪くなさったことだ、などと発言して、たびたび水をさしたのである。

「政治は学問に基づいて行われなければならない」との考えから平洲招聘に執念を燃やす竹俣は、重定の嗜んだ能や茶器の好みに追従しながら、繰り返し平洲招聘の不可欠を説き、ようやく重定の同意を得ることができたのだった。

江戸時代の武士と儒学

藩主に深い学問的教養が必要だという竹俣の強い思いは、米沢藩を背負って立つ重臣として一見当然のことであるように思えるが、当時の武士としてはむしろ少数派に入れるべきなのかもしれない。中国や朝鮮の科挙のような登用試験が無かった江戸時代、とりわけ一八世紀の初めまでは、武士にとって儒学は必須の教養ではなく、学問に打ち込むような者はむしろ奇異の眼で見られることすらあったからだ。儒学は江戸時代の社会に適合的な思想ではなかったというのが、渡辺浩『近世日本社会と宋学』以降の日本思想史研究における通説である。

これに対して近世中後期になると、昌平坂学問所《しょうへいざかがくもんじょ》の官学化や試験・登用制度の整備、藩校急増に示されるように、学校による武士教育の拡大が進み、儒学はその社会的役割を急激に拡大していく。中には、儒学の古典に精通し、儒学の理想を追求して「儒教的主体」ともいうべき自己形成を果たす者も現れるようになってくるのである。

竹俣当綱が上杉鷹山への藩主教育に奮闘した一八世紀の半ば頃は、武士と学問の関係が大きく転換していくスタート地点ともいうべき時期だった。竹俣はいかにして学問の重要性・有用性を強く意識するようになったのだろうか。

竹俣当綱と書物

竹俣当綱はもともと、書物を読み、文章を著すことが好きな性質である。政治に関する知識や構想力は、そうした読書によって身についたものだった。

竹俣当綱が生を享《う》けた享保年間(一七一六〜一七三六)の頃、盛んに読まれた書物の一つに、熊本藩士井沢蟠竜《いざわばんりょう》(一六六八〜一七三二)が著した『武士訓《ぶしくん》』という本がある。「士は分限より身を引さげ、諸事無造作にかたちをつくろわず……」(武士は身の程よりも謙虚に振る舞い、何事も質素に、外面を取り繕うことなく……)というように、武士が日頃心がけるべき事柄について実例を挙げて説いた武士道書である。

むろん竹俣当綱もまた、この本の読者の一人だった。「言行容貌、誠に国人の見るところ……この本文の事心得て見るべし」。『武士訓』の右の引用部分をノートに抜粋して、竹俣はこう書き込んだ。竹俣は、広く読まれた武士道書の内容を自らの言行の指針として受けとめていたのである。竹俣にとって、書物を読むことは、家臣・領民ら衆目の集まる重臣としての自己形成の営みであった。

読書ノート

竹俣は、鷹山と出会う少し前、三〇歳前後から読書ノートを作り、様々な書物の抜粋や要約を書き込んで学んだ。そのノートには、教訓的な仮名草子である『智恵鑑《ちえかがみ》』『分類画本良材《ぶんるいえほんりょうざい》』や『絵本童の的《えほんわらべのまと》』のような絵入り本(教訓書)、『通俗武王軍談《つうぞくぶおうぐんだん》』『通俗忠義水滸伝《つうぞくちゅうぎすいこでん》』といった読本までが書き写されている(表1)。竹俣は、学者然として四書五経《ししょごきょう》といった儒学の古典を諳《そら》んじたり、高度な内容の儒学書を読みこなしていたわけではない。むしろ、通俗的とさえいえる読み物や絵入り本の類を好んで読み、自己を形成していったのだ。

「文化的に見れば「兵農未分離」」とも言われるように、江戸時代の武士と農民の教養は、実は共通する部分が大きい(横田冬彦『日本近世書物文化史の研究』)。上杉家の重臣の家に生まれ育った竹俣にしても、その読書は、農民や町人とかけ離れたものではなく、むしろ庶民層も多く手に取ったであろう本だったのである。

表1　竹俣当綱の読書

書　名	分　類	所　収
徂徠・春台関係		
『孫子国字解』	兵法	1・2・17・21
『素書国字解』	漢学	21
『大学解』	漢学	4・21・30・45
『論語徴』	漢学	8・15・27・31
『政談』	政治	2・15・20・25・37
『徂徠先生答問書』	漢学	4・7・25
『経済録』	政治	3・5・6・9・16
『産語』	経済	2
教訓書類		
『板倉捌』(『板倉政要』カ)	政治	1
『東照宮御遺訓』	教訓	8
『落穂集』	見聞記	8・43
『大君言行録』	伝記	8・25
『明君家訓』	教訓	11
『雨夜之燈』	雑記	10
『文照院様御遺誡』	教訓	41
『家宣公御自警十七ヶ条』	教訓	41
『楠正成金剛山居間壁書』	教訓	41
『太閤秀吉公壁書』	法制	41
「本多中務大輔様御居間壁書十箇条」	(教訓)	41
「正成正行へ遺書」	(教訓)	41
「一休和尚江御母公より被遣候御文」	(教訓)	41
『分類画本良材(画林良材)』	絵画	4・11・26
『智恵鑑』	仮名草子	7・8・10・12・23・29
『絵本童の的』上中下	教訓	11
『武士訓』	教訓	11
『不断用心記』	教訓	25
『家道訓』	教訓	44
歌書等		
『和歌秘訣』	歌学	11・22
『竹苑抄』	歌学	11
「和歌之伝」(「和歌肝要」「九郎殿北ノ方御歌」ほか)	(歌学)	21
『万載狂歌集』	狂歌	22
『八雲口伝(詠歌一体)』	歌学	22
『和漢文藻』	漢詩文 和歌 俳諧	13
漢籍類		
『荀子』	子部／儒家類	10・11・17・33・38
『説苑』	子部／儒家類	12・23
『国語』	史部／雑史類	13

『漢書食貨志』	史部／正史類	13・26
『孔子家語』	子部／儒家類	16
『春秋左氏伝』	経部／春秋類	19
『(武経)七書』	子部／兵家類	24
『明心宝鑑正文』	子部／雑家類	24
『六韜』	子部／兵家類	32
『朱子家訓』	漢学	41
米沢藩関係・竹俣当綱著述		
『松崎城古今和歌百首』(『百枝折』)	(歌学)	8
『御記録』	(記録)	13
「故勘解由殿聞書写」(封紙礼法につき)	(礼法)	21
『定例亀鑑』	(法制)	40
「明和七年日記」	(記録)	28
『治国談』	(政治)	20・26
『立政録』	(政治)	34
その他		
『卜筮指南大全』	占卜	3
『名公法帖』	書道	4
『古筆手鑑』	書道	16
『農業全書』	農業	13・20
『通俗武王軍談』	読本	14・29
『通俗忠義水滸伝』	読本	16
『職原抄支流』	法制 注釈	11
『大明律例訳義』	法制	12・25
『甲陽軍鑑』	戦記 兵法	14
『為学初問』	教育 経済	33
「島原之事(廓 朱雀野)」	(見聞記？)	18
「志道軒」	(聞書？)	21・25
『太平記』	軍記物語	24
『伊勢物語』	物語	22

注 1) 市立米沢図書館竹俣家文書(追加分)1〜45による．
2) 記述が断片的であることなどから書名未詳のものは掲載していない．ただし，文章に内題等が付されているものは「　」表記で記載した．
3) 分類は『国書総目録』により，同書未記載のものは筆者の判断により(　)で表記した．また竹俣の読書傾向に鑑みて「徂徠・春台関係」以下6項目に分けて整理した．
4) 「所収」欄は，竹俣家文書の史料番号で，当該番号の史料に抜粋されていることを示す．

荻生徂徠の兵学と竹俣当綱

そのような竹俣に、より高度な学問に眼を見開かせた学者が荻生徂徠《おぎゅうそらい》（一六六六〜一七二八）である。儒学者として知られる徂徠は兵学にも通じ、兵学がその思想の基盤となったと言われるほどだが、竹俣はその徂徠が著した兵学書『孫子《そんし》国字《こくじ》解《かい》』に強い感銘を受けたのである。漢文で書かれた『孫子』の本文は難解なものだったが、和文で書かれた徂徠の解説が『孫子』の意味を見事に解き明かしていることに驚嘆したのだ。「孫子の本文は兎角に解け難き物に候を、徂徠の国字にて夜の明けたるがごとく、……日本にかかる人もあるものかと、たまげたるまでのことに候」と、竹俣はその時の

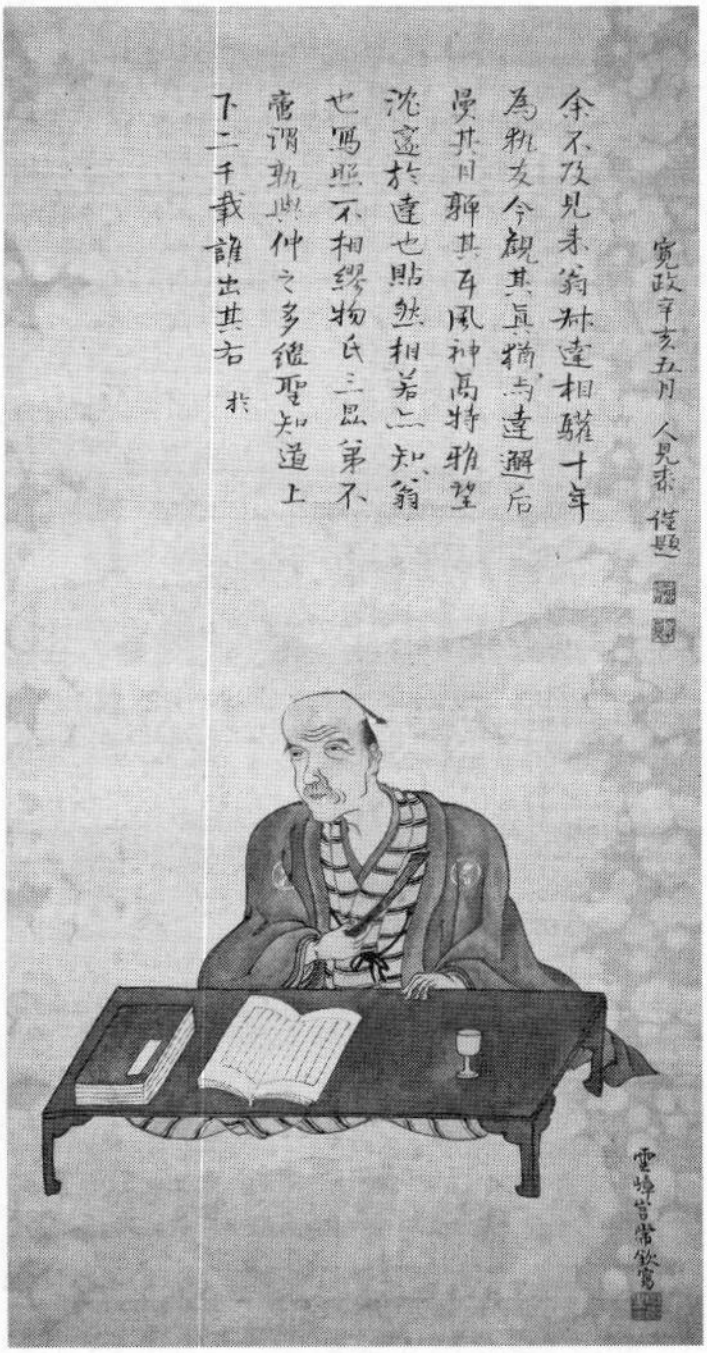

図 2-4　荻生徂徠像（致道博物館蔵）

驚きを振り返っている(『兎兵法』天明五年〈一七八五〉)。若い頃から越後流兵学の書『武門要鑑《ぶもんようかん》抄《しょう》』などに親しみ軍学に通じていた竹俣は、兵学への関心から荻生徂徠やその学統を継いだ太《だ》宰春台《ざいしゅんだい》の学問にも関心を抱くようになったのである。

菁莪社中の人々

こうして竹俣は、当時の米沢藩における儒学学習グループとして知られる菁莪社に出入りするようになった。菁莪館は、宝暦末年にまだ二十代半ばの青年だった藁科松伯の書斎の名で、その学才と識見にひかれたグループのメンバーは、身分・年齢にかかわらず、松伯の賢に下ったと言われる。

竹俣当綱が「師とし、友とし、無二の志をむす」んだと回想する人々こそはその主要メンバーであった。小川与捴太《よそうた》尚興(竹俣は「勿堂《ぶつどう》先生」と呼ぶ。以下同)、倉崎清吾《くらさきせいご》一信《かずのぶ》(兎州翁《としゅうおう》)、莅戸九郎兵衛《くろうべえ》善政(太華《たいか》先生)、高津《たかつ》七郎兵衛《しちろうべえ》唯恒《ただつね》(初名兵三郎《ひょうざぶろう》、高雲《こううん》先生)、木村丈八高広《きむらじょうはちたかひろ》(馬丈壮士《ばじょうそうし》)、佐藤左七秀尹《さとうさしちひでちか》(佐左士《さきし》)らである(『治国大言録』)。

概ね三手組に属する中級の藩士だった彼らはいずれも、あざやかな個性を持つ硬骨漢と言われる一方で、漢詩や俳諧を嗜む「文人」「詩人」という側面を持つことも共通していた。そして、自身が向き合っている現実の危うさや矛盾に対して強い不満と批判を抱かざるを得ない境遇に置かれた人々でもあった。家禄削減の処罰を受けていた竹俣当綱はじめ、藩の財政が急激に逼迫した宝暦年間頃に勘定頭を勤めた小川・倉崎・佐藤は、藩士たちの不満の矢面に立たされる身となった。すでに宝暦初年には、江戸藩邸に詰めていた大勢の足軽が扶持米の完全支給を要求して結集し、勘定頭（当時は棚橋文太郎《たなはしぶんたろう》）をつるし上げるという事件すら起きる状況だったのだ。彼らは米沢藩を取り巻く厳しい情勢を肌で感じ取っていた。

このような彼らが、共通して大きな関心を寄せたのが荻生徂徠の学問だった。

徂徠学と朱子学

享保年間から江戸では、荻生徂徠の学問が「一世ニ風靡」（那波魯堂《なばろどう》『学問源流』）していた。四書五経（六経《りくけい》）などの古典を理解するために、朱熹《しゅき》（朱子）ら後代の学者による経典解釈を排し、古代の文辞を直接研究することを主張した古文辞学《こぶんじがく》が、多くの学者たちに衝撃を以て受け入れられたのである。当時の東アジア世界では、朱熹が大成した宋学・朱子学が儒学の正統として圧倒的な影響力を持ち、日本でも多くの儒学者は、朱子学の文献を通して古典を解釈していた。これに対して徂徠は、後代の学者の恣意的な解釈によるのではなく、古典が生み出された時代の文脈――古代中国の言語や社会・制度――に沿った解釈が必要だとして、朱子学者らを厳しく批判したのである。

本居宣長《もとおりのりなが》の『古事記』研究などにも大きな影響を及ぼしていく古代の言語自体の研究という視点は、その方法の一つとして漢詩文の研究への関心を高め、徂徠の高弟服部南郭《はっとりなんかく》らを中心に専ら文事《ぶんじ》をこととする文人学者を生み出し、多くの武士たちも詩作やそれを媒介とする文人的交流に加わるようになっていった。講釈を中心的な学習方法として、個人道徳の完成に汲々としているように見えた当時の朱子学者に対する斬新な問題提起として、荻生徂徠の学問は多くの人々に受け入れられたのである。

荻生徂徠の経世論

「どれほど自分の心身を修めても、国家を治める方法を知らなければ全く無益である」(『徂徠先生答問書』上)。徂徠はさらに、為政者は自身の人格的完成よりも政治的な結果を求めることが重要だという、朱子学批判に基づいて編み出した観点から、現実の政治・社会の立て直しを目指した経世済民論《けいせいさいみん》を次々と打ち出した。八代将軍徳川吉宗(一六八四～一七五一)による幕府享保改革にも影響を与えた『政談《せいだん》』や『太平策《たいへいさく》』といった著作は(大石学「享保改革と社会変容」)、徂徠の政治・政策論、制度論の代表的なものだ。城下町で暮らす武士たちが箸一本求めるにも金銭が必要な「旅宿の境界」に置かれていることを看破するなどの鋭い現状認識、武士の困窮と農村の疲弊を立て直す方策としての武士土着論をはじめ、その所論は後々まで多くの人々に参照されるところとなったのである。

菁莪社中と学問・政治

宝暦一〇年頃のこと、菁莪社中の一人高津兵三郎の講釈を受けた時、竹俣は見台《けんだい》に載せた自身のノートの余白に次のようなメモを書き込んだ。

「仁は天下万民を治むる徳」、「万民を安んじたすくる所也。徳は心に仁をたくわう……」(『論語』「八佾第三」の「子曰人而不仁」章の本文余白)、「君子……民に長たるの徳と云ふ時は仁を以てわが任職とする」、「実行もなくて言葉のしげるをいましめ給ふことなり」(『論語』「為政第二」の「子貢問君子」章の本文余白)。

為政者は政治能力としての「仁」の「徳」を身につけて「先王之道」(「聖人の道」=儒学の理念)を実践すべきである。与板組に属する中級藩士で、竹俣よりはかなり年配(正徳三年〈一七一三〉、五〇石で家督を相続)だった高津の講義内容に、竹俣は深く共鳴したのである。

この時の講釈のテキストは『大学解《だいがくかい》』と『論語徴《ろんごちょう》』。いずれも荻生徂徠がその古文辞学によって朱子学とは異なる古典の解釈を示した、経書の注釈書だ。学問的権威に対抗し、学問・文事の営為を正当化しつつ、現実的な政治・社会立て直しの方策を示していた徂徠の学問は、このようにして米沢藩の人々、とりわけ菁莪社中の人々の政治に対する意識を高めていったのであった。

「地獄で仏に出会う」

こうして竹俣は、江戸家老に任じられて以降、学問の修得を柱として、藁科松伯や細井平洲とともに鷹山の養育に取り組んでいった。こうした竹俣らの働きかけに対して、少年だった鷹山も真摯な学びの姿勢によって応じ、日々の立ち居振る舞いや言動でも、竹俣らの期待に応えていく。

鷹山が藩主に就いた翌年の明和五年(一七六八)、藁科松伯は次のように述べている。「かくのごとき有り様の時節に……、一国の衆人と苦楽を偕《とも》にして、少し〔で〕も下の潤いになれかしと、木綿に一汁一菜にておわしまし候人君を得申し候は、地獄で仏に出会い申し候心地にてはござ無く候や」(小川尚興宛藁科松伯書簡)と。学問を通じて藩主としての自覚を深め、士民の苦境を思って綿衣に一汁一菜の食事を実践する鷹山の姿は、藩主教育に心血を注いだ竹俣や藁科にとって、実に「地獄で仏に出会い申し候心地」を催させるものだった。

ここに、行き詰まった米沢藩政の改革を断行する機は熟したのである。

3 「富国安民」の理論

鷹山の家督相続と政治改革の開始

明和四年(一七六七)四月二四日、鷹山は、養父重定、支藩主勝承とともに江戸城に登城する。幕府老中が列座する白書院において鷹山は、「大炊頭《おおいのかみ》(重定)病気につき隠居、願いの通り仰せつけらる。養子弾正大弼《だんじょうだいひつ》(鷹山)へ家督仰せつけらるる」という将軍徳川家治《いえはる》(一七三七〜一七八六)の上意を月番老中阿部伊予守から申し渡され、九代米沢藩主に就いた。

「受(け)次ぎて国のつかさの身となれば　忘るまじきは民の父母」。以後藩主として「屋形様」と称される鷹山がこの時詠んだ和歌である(上杉神社蔵、本章扉)。「民の父母」は、『詩経《しきょう》』や『孟子《もうし》』を典拠とする語で、民を子のように慈しんで政治を執り行う君主の理想像、すなわち「明君」と重なる言葉だ。鷹山は、「民の父母」が実現すべき「仁政」や「安民」という、当時民衆にまで共有されていた政治理念を強く意識して、藩主としての歩みを開始したのである。「民の父母」たる決意は、その後奉納された春日山林泉寺《かすがさんりんせんじ》(現米沢市)境内の春日社への誓詞や、白子《しろこ》神社(同)への誓文にも表れている。上杉家が代々尊んできた神々である。

こうして九月一八日、鷹山は江戸勤番の藩士たちを前に大倹の意志と方針とを表明する。この時鷹山は、(領知削減により)上杉家が「大家」から「小家」になったにもかかわらず「質素律儀」の風を失ってしまっている、と率直な現状認識を伝えた。同時に、家臣団からの借上で上杉家が存続している状況に言及して「誠に国の守の甲斐あるまじく」と述べ、このままでは藩主としての役割を果たすことにならない、と自らの責任を自覚して藩政にあたる決意を伝えたのである。

この時鷹山が打ち出したのが、厳しく自己を律する姿勢を示したことで知られる倹約方針である。綿衣着用、食事は一汁一菜、本来一五〇〇両である藩主仕切料(生活費)を世子時代の二〇九両に据え置く、奥女中を五〇人から九人に減員するなどがその中身だ。

こうして江戸藩邸の家臣団に倹約への協力を求めた鷹山は、米沢から奉行千坂高敦《ちさかたかあつ》を呼び出し、米沢の諸士にも倹約の主旨を伝えるよう指示し、方針の徹底を図ったのである。

苦難の初入部

その後の明和六年、鷹山は幸姫と婚礼の典を挙げ、幕府から命じられた江戸城西之丸普請手伝いを実行するなど、肺病に倒れた藁科松伯を失いながらも(八月二四日死去)、藩主としての歩みを進めていく。

そして一〇月二七日には、米沢への初入部を果たした。この時、鷹山は、寒風のなか寝具も調わない板谷《いたや》駅に宿泊するとともに、駕籠かきらの疲労を思いやって大沢《おおさわ》駅から乗馬のまま城下に向かったという。消えかかった煙草盆の火をおこして米沢藩の再生に見立てたというエピソードも伝わる。リーダーとしての資質や自覚、決意を示す行動としてよく紹介される逸話群である。

ここまで読み進めてこられた読者は、鷹山が人々の心を惹きつけたというこれらの逸話に、少年の頃から竹俣当綱らに求められてきた言動を誠実に実践しようとする鷹山の姿を読み取られるだろう。事実、若殿時代の鷹山に対する竹俣当綱の意見書には、これらとよく似た鷹山の行動を賞賛し、今後も継続するようにと強く促す文言が見えているのである(小関悠一郎『上杉鷹山と米沢』)。

改革実行の基盤整備

初入部の前後、鷹山は、奉行竹俣当綱を中心として、小姓莅戸善政・倉崎恭右衛門《きょうえもん》・佐藤文四郎《ぶんしろう》・志賀八右衛門《しがはちえもん》らの側近を信任して藩政に臨んだ。明和八年には郷村頭取毛利内匠《もうりたくみ》(奉行兼帯)の下に、次頭取大石源左衛門《おおいしげんざえもん》を配し、新設した郡奉行に長井庄左衛門《ながいしょうざえもん》・永井喜惣兵衛《ながいきそうべえ》を抜擢して、農村の支配体制を固めた。翌年には、次に述べる郷村出役一二名、廻村横目《かいそんよこめ》六名を置いて領内の中核的な村々に派遣するとともに、世襲代官の一部を罷免して代官十人制を取り、能吏である今成平兵衛《いまなりへいべえ》らを登用(『紹襲録』上杉文書五一九)している。こうして末端に至るまでの支配機構・体制が整ったのである。

こうした中で、明和六年に町奉行に任じられた莅戸善政が起案した義倉(備籾蔵)設置は、安永三年(一七七四)以降、諸士・町人・百姓の凶作・飢饉への備えとして城下や農村部に次々と実施されていった。また、明和四年に着手された水帳《みずちょう》改め(検地帳の記載と現況の照合)や武士の年貢取立に対する統制など、重要な農村支配政策にも着手している。

これらの矢継ぎ早とも言える改革政策の展開は、もちろん竹俣当綱が中心となって打ち出したものである。いったい、竹俣はどのようにして、これらの改革政策を構想したのだろうか。時間を少し遡ってみよう。

郷村出役新設の評議

明和九（安永元）年九月、奉行をはじめとする諸役人は、竹俣当綱が中心となって立案した支配機構の改革案——郷村出役という役職の新設——について、藩主鷹山の裁可を得るべく、御前で評議を行っていた。前述のように、この時期は、支配機構の整備が進められ、改革が本格的に展開しつつある。こうした中で、任命された藩士が農村部の拠点に居住して支配行政・民衆教化にあたる郷村出役を新たに設置しようというのが議題だった。

この評議に臨んだ竹俣当綱の脳裏には、荻生徂徠が経世済民を論じた『政談』巻之二の武士土着論がある。上下万民を土着（農村居住）させることが「聖人の治めの大綱」だとする徂徠の論に着想を得て、「青苧・漆・紅花・桑・楮、この五品盛んに成り候ところに役人を立つべき事なり」（竹俣家文書〈追加分〉三七）と、現地に駐在して生産指導にあたる藩役人の設置を構想してきたのである。

だが、この評議で竹俣は、『政談』とは別に『産語《さんご》』なる「古《いにし》えの書」を持ち出して案の説明を行った。「不明の君は国の利を図りて百姓の病を恤《あわれ》まず。利を得るといえども禍いまた随い至る」（原漢文）。国家（藩）の利益を優先して民の痛みに思いを致すことがない、そのような君

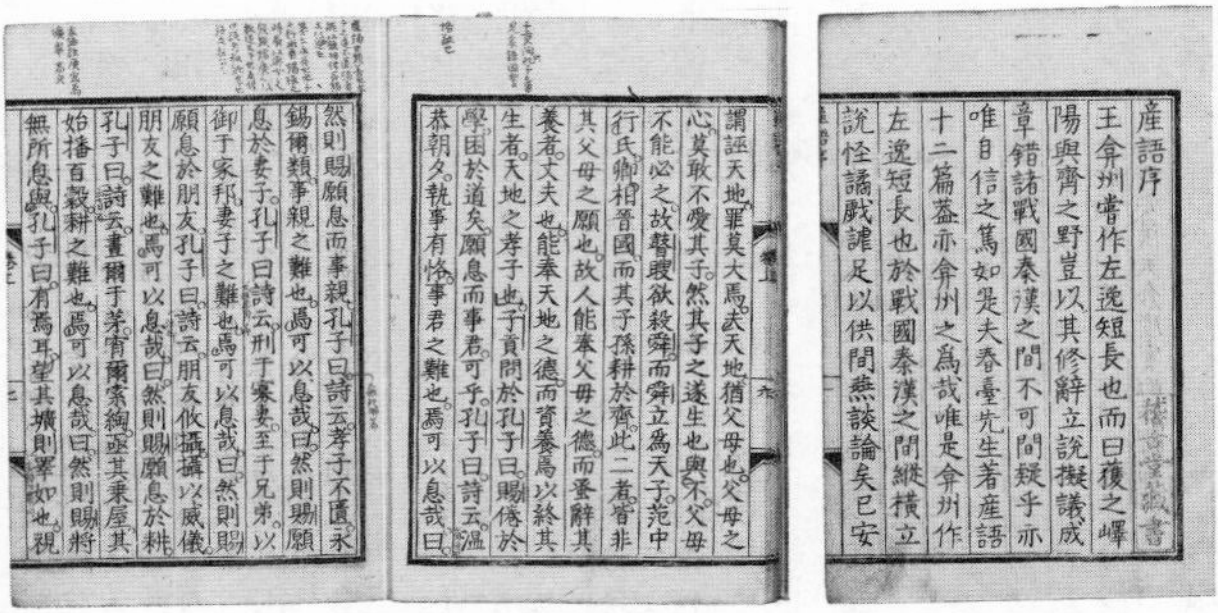
産語序
王弇州嘗作左逸短長也而曰獲之嶧
陽與齊之野豈以其修辭立說擬議成
章錯諸戰國秦漢之間不可間疑乎亦
唯自信之篤如是夫春臺先生著産語
十二篇蓋亦弇州之爲哉唯是弇州作
左逸短長也於戰國秦漢之間縱横立
說恠譎戲謔足以供間燕談論矣已安

謂誣天地罪莫大焉夫天地猶父母也父母之
心莫敢不愛其子然其子之遂生也與不父母
不能必之故瞽瞍欲殺舜而舜立爲天子范中
行氏卿相晉國而其子孫耕於齊此二者皆非
其父母之願也故人能奉父母之德而蚤辭其
養者丈夫也能奉天地之德而資養焉以終其
生者天地之孝子也子貢問於孔子曰賜倦於
學困於道矣願息而事君可乎孔子曰詩云温
恭朝夕執事有恪事君之難也焉可以息哉曰

然則賜願息而事親孔子曰詩云孝子不匱永
錫爾類事親之難也焉可以息哉曰然則賜願
息於妻子孔子曰詩云刑于寡妻至于兄弟以
御于家邦妻子之難也焉可以息哉曰然則賜
願息於朋友孔子曰詩云朋友攸攝攝以威儀
朋友之難也焉可以息哉曰然則賜願息於耕
孔子曰詩云晝爾于茅宵爾索綯亟其乘屋其
始播百穀耕之難也焉可以息哉曰然則賜將
無所息與孔子曰有焉耳望其壙則睪如也視

図 2-5　上杉鷹山手沢本『産語』（市立米沢図書館蔵）

主であってはならない。竹俣は、農村部に藩士を派遣することで、農村の現状を把握して農民の過重な負担を軽減し、地域の実情と農民の意向を汲んだ振興策を立案・実施するのだという意図を示すため、『産語』のこの一節を引用したのである。民の痛みに思いを致すことを強調した竹俣の提案によって議論は進み、鷹山も同意して、郷村出役の新設が決定された（竹俣当綱『国政談』）。

竹俣が郷村出役創設の根拠とした書物、『産語』。今でこそ耳馴染みのない書名だが、この本は上杉鷹山自身も手許に置いて読んだことが明らかな書物である。鷹山が入手し、時として「治憲云」と記しながら、余白に字句の意味などを書き込んで精読した『産語』の版本（寛延二年〈一七四九〉刊）が現在に伝えられているのだ。「鷹山公御《ご》手沢本《しゅたくぼん》」と呼ばれる鷹山の旧蔵書の中にある『産語』の版本（市立米沢図書館デジタルライブラリー）は、鷹山の自覚と律儀な姿勢を今に伝えるとともに、自ら政策立案に主体的に取り組もうとしていた鷹山が、この書物を特に重視していたことをも物語っている。いったい、『産語』とはどのような書物なのだろうか。

『産語』と太宰春台

鷹山・竹俣がともに読んだ『産語』という本は、経済と道徳を論じた経世書と言える書物である。古代中国、戦国時代の諸子百家の一つである「農家」の佚書《いっしょ》だという説が唱えられるほど(神谷正男『産語』)、様々な思想と説話を盛り込み、すぐれた擬古文と評される漢文で書かれている。寛延二年、江戸の西村源六・大坂の渋川清右衛門・京の西村市郎右衛門を版元に出版された。

図 2-6　太宰春台像(国文学研究資料館蔵『先哲像伝』より)

著者は、荻生徂徠の高弟太宰春台(一六八〇〜一七四七)。江戸中期の儒学者だが、林子平《はやししへい》や本多利明《ほんだとしあき》、海保青陵《かいほせいりょう》ら、近世後期における経世論者の先蹤として日本史教科書にも記載される人物だ。春台は、徂徠の学問を継承して経書の解釈学を深めるとともに、政治・経済を論じる経世論の分野でも当時の第一人者であった。特に、主著として広く読まれた『経済録《けいざいろく》』は、和漢の多くの学者が論じた問題の重要な論点を総合的に取り上げ、新鮮味を加えて有用の学として提示した、近世中後期の政治・思想を考える上で重要な書物である。春台没後すぐに出版された『産語』は、その春台が『経済録』で論じ残したことを一書にまとめた著作として出版された本なのである(『産語』については、小関悠一郎『上杉鷹山と米沢』、同『〈明君〉の近世』参照)。

春台の門人宮田明《みやたあきら》(金峰)は、この『産語』について次のように説いている。

天下の人を経済的に貧しいままにして、礼儀・道徳的な生活を送らせることは、(古代中国の)聖人である堯・舜でも無理なことである……孟子が戦国時代の名宰相管仲《かんちゅう》を否定して以降、今までの儒学者たちは、礼儀・道徳ばかりを論じ、経済に関する議論をないがしろにしてきた。「富国強兵」といった問題は脇に置かれて論じられなかったのだ。

(『産語』序、原漢文)

宮田が見るところ、従来の儒学者の議論の難点は、経済の問題を脇に置いて、専ら礼儀・道徳の問題を論じてきたところにある。これに対して春台は、経済の問題を正面に据え、「富国強兵」を論じて、経世済民に深い見識を示した、というのである。

日本史上初めての「富国強兵」論

宮田の序文で興味深いのは、「富国強兵」という概念をクローズアップしていることだ。すでにふれたように、「富国強兵」と言えばふつう、明治期以降の日本で国家目標とされた言葉として知られている。ところが意外なことに、江戸中期の儒学者である太宰春台が、明治維新を隔たること一〇〇年以上前にこれを論じていたというのだ。実際、春台は『産語』ばかりでなく、その主著『経済録』や『紫芝園漫筆《ししえんまんぴつ》』といった著作でも、「富国強兵」概念をキーワードに用いて経世済民を論じている。

現在ではさほど注目されることの多くはない太宰春台だが、実は春台のこの経世論こそは、日本史上はじめての「富国強兵」論であったと、日本思想史家は指摘している（前田勉『近世日本の儒学と兵学』、田尻祐一郎『太宰春台・服部南郭』）。一八世紀における商品生産の発展や貨幣経済の浸透、さらには幕藩領主財政の行き詰まりを踏まえて、殖産・専売や交易といった積極的経済政策を提唱した春台の「富国強兵」論は、日本思想史上、画期的な議論なのである。

もちろん、「富国強兵」の語は、古代中国の春秋戦国時代にも用いられたもので、概念自体を春台が創出したわけではない。また、「富国強兵」を経済力と軍事力の双方の強化を意図した政策だと定義すれば、それは、例えば戦国大名がとった政策も該当するだろう。しかし、そもそも戦国大名はもちろん、春台の提起以前の日本では、「富国強兵」という語句自体が政治論のキーワードとして用いられたことはなかったし、まして政治のスローガンとされたことは皆無だったのだ。

いったい、太宰春台が説いた「富国強兵」論は、いかなる内容を持ち、それは米沢藩の改革とどう関係していたのだろうか。改革の展開過程に探ってみよう。

家臣団からの「誹謗」

すでに述べたように安永元年九月二二日、領内の中核的な村々に派遣する郷村出役一二名が、廻村横目六名とともに三手組の藩士から選任され、その勤め方や心得が申し渡された。ところが、竹俣を中心として進められた新規の役職設定と任用は、藩士が自ら百姓同様の蓑笠姿で土木作業等に従事するという異例の政策＝「御手伝忠信道《おてつだいちゅうしんどう》」(安永元〜四年)と相まって、重臣層を中心に少なからぬ家臣の反発を招いていた。郷村出役に任命された小川源左衛門《げんざえもん》(菁莪社中小川尚興の息子)などは、翌年の七家騒動の際、竹俣一派として名指しで非難されることになる。

家臣からの「誹謗」を一身に受けることになった藩主鷹山は、改革政策の推進をためらい、このまま継続すべきかどうか決断できずにいた。藩財政が好転する見通しは不透明で、家中各層の窮乏問題はなんら解決されていない。そのようななか、一面で専権的な人事や旧例を無視するかのような(竹俣主導の)政策により、重臣はじめ家臣たちの反発がいっそう大きくなるのは必至である。

鷹山は改革政策を取り下げることを現実に考えているかもしれない。そのように見た竹俣は、同年一〇月、鷹山に対して直ちに意見書を提出した。改革への反対意見を憂慮する鷹山の説得を試みたのである。「政治を知らない人の誹謗に思い悩んで改革政策実施を延期してしまったら、国家の再興はいつのことになるとお考えでしょうか。もし、非常時に際しての改革だと理解しない人々の言葉に惑わされて、国家を失うようなことがあれば、人々はさぞ嘆かわしく思うでしょう」(「済時策」市立米沢図書館)。鷹山への説得の言葉をこう綴った竹俣には、「上杉家は御本領(三〇万石)が(一五万石に)削減されたことで財政難に陥って、危難は年を追って目前に迫り、片時たりとも安心できない」のだという強い危機感がある。

「尽地力」論への確信

その一方で、竹俣には改革断行の決意とその成功への強い確信があった。竹俣は鷹山に向けて言う、「御本領に戻らぬままに御本領並みの財政収入を実現し、他領を編入することなく領知を広くする方法があるのです。なにも奇妙不思儀（議）の術を用いるわけではありません。それは、ただ民力を増して地の利を尽くすという一点に尽きます」（同）と。寛文四年（一六六四）の削減以前の本来的な領知に復帰することは叶わない。けれども、三〇万石時代同様の財政収入を実現することは、「地の利を尽くす」ことによって可能なのだ。竹俣はこう主張し、さらに続ける。

「日本でも中国でも「衰世」には「地の利を尽くす」ほかないのです。古代中国の夏王朝の禹王も洪水を治め、……「地の利を尽くす」には、家中が「心力を尽」くすことによって「民力を尽」くすことが肝要なのです。これによって初めて「治生」（職分への出精による生活安定）が実現できるのです」（同）。荒廃した耕地や遊閑地を見出し、耕地開発をして、水利・堰堤を整備し、桑・楮・青苧・綿花等の商品作物生産に努めて「地の利を尽くす」ことが肝要なのだ。これまで経済的利益に十分結びつけられてこなかった場所も含めて、領内の土地を最大限に産業利用すれば、様々な産物の生産量を増大させることで、三〇万石時代と同等の財政収入を実現できる。竹俣はこのような確信の下に改革を構想し、批判に戸惑う鷹山を説得したのである。

「尽地力之説」

こうした竹俣の確信と主張を支えたものは何だったのか。それが、『産語』（および『経済録』）

で展開される「富国強兵」論の主要な内容をなす「地利之説」=「尽地力之説」である。『産語』(『経済録』)が説く「尽地力之説(地利之説)」というのは、単純に言えば、五穀にとどまらない様々な産物を土地の特性に応じて生産すべきだという主張である。君主の治める国土には当然、農耕に適さない土地もある。だが、一見、利用価値が低いようにみえる土地であっても、必ず何らかの地力(生産力)を備えている。そう見れば、土地の力は無尽蔵なのだ。そこから産出された各種の産物を他領に移出すれば、人民に有用、かつ国家の利益ともなるというわけだ。

『産語』によれば、そもそもこの「尽地力之説」は、神農氏《しんのう》という古代の聖人(先王)の遺法で、それが後世に伝えられ、なかでも魏の文侯に仕えた李悝《りかい》は、これを実践して大いに国を富ませた。「尽地力之説」は、一国の政治を司ることを職分とする諸侯にとって、財用を足し百姓を安んずるための秘法とも言うべきものなのである。

このような理念は、土地に物的生産の基礎を置き、あらゆる土地を可能な限り開発して生産物の量を上昇させようとした江戸時代の社会的志向(鬼頭宏『文明としての江戸システム』、なお前章も参照)にも沿う考え方だった。同時に、特産物・商品生産の飛躍的な発展期にさしかかり、そうした趨勢に対応した藩領経済のあり方を模索していた領主層にとっても、殖産政策遂行の正当性の学問的裏付けとして、大きな役割を果たしうるものだったのである。

「富国安民」を柱に

……管仲その遺法を得て魚塩を利し、国を富まし兵を彊（強）くし、あるいは魏の文侯の時、李悝もまた地力を尽くせる事……これみな、いにしえの人、地の利を尽して国を富まし、民を安んじ候……
（『国政談』）

竹俣が後年、自身が進めた改革政策を振り返りつつ、「尽地力之説」に言及した一節である。『産語』（「有土第三」章）の記述を下敷きにして、管仲・李悝がこの経済政策により「国を富まし兵を強くし」たと記す竹俣は、「尽地力之説」に「富国強兵」のための方法という意味合いがあることを『産語』から読み取っていた（破線部）。

しかし竹俣は、「尽地力之説」により国を興した人物たちの営為について、「地の利を尽して国を富まし、民を安んじ候」とまとめている（実線部）。「富国強兵」の方法として記述された「尽地力之説」に接しながらも、竹俣はあくまで「富国安民」を掲げて藩政改革にあたったのである。

竹俣が「富国強兵」ではなく「富国安民」を掲げた背景には、軍事力の強化が当時の喫緊の課題ではなかったことがあるだろう。しかし同時に、竹俣が、太宰春台による「富国強兵」概念の用い方をよく摑んでいたからこそでもあろう。春台は、「富国強兵」策として「地力を尽くす」ことは、「人民の利となり、国の宝となる」(「人民の用に立ち、国の利となる」とも)もので、「民富めば国も富むなり」、つまり「人民の利」(「民利」)「民富」の充実(「安民」)を優先する考え方を示しているからだ。

もともと、「富国強兵」の語は、諸子百家のうちの「法家」系の思想に基づくもので、朱子学系の儒学者たちから見れば、「覇術」(武力による支配)による重刑・重税の厳しい支配を象徴する語だった。ところが春台は、「尽地力之説」による経済政策を強調することで、そのような「富国強兵」策を「民利」「民富」を実現するための政策として読み替えたのである。竹俣が掲げた「富国安民」は、このような春台の「富国強兵」論の内容をよく反映していた。

東アジアのなかの「富国」論

さて、ここで東アジア世界に目を向けてみよう。「富国強兵」の語は、上述のように古代中国の書物に由来するものだが、日本と異なり朱子学の理念が深く浸透した中国・朝鮮では、この語を用いること自体、「異様」なことだったと言われる(須田努「江戸時代の政治思想・文化の特質」)。

ふつう、儒学者・朱子学者は人間の低次の欲望の克服を目指し、自らを律することを重視する。そのため、政策論においても、その延長上に、倹約を基調とする経済政策を論じるのが通例で、古くは孟子や朱子も「富国強兵」に否定的な見解を述べていた(前田勉『近世日本の儒学と兵学』)。当然、江戸時代の朱子学者たちにとっても「富国強兵」は否定の対象となった。

こうしたことから、前近代の東アジア世界では、「富国」「強兵」という状態が結果的に実現することこそ望ましいと考えられたにせよ、為政者がそれらを国家目標として前面に掲げることは想定しがたかったのである。

太宰春台の「富国強兵」論は、こうした状況に一石を投じる経世論だったと言える。そして、それをうけた竹俣が「富国安民」を改革の理念として明確に掲げるに至ったことは、米沢藩という一藩に限られたことではありながらも、近現代にまで続く「富国」の政治目標化の端緒を築いたという意味で画期的なことだったのである(本章末も参照)。

鷹山の意思表明

「富国安民」のための核心的方策は「地の利を尽くす」ことを措いて無い。竹俣のこの確信に、鷹山もまた動かされた。改革を延期することなく継続することを決意したのである。安永二年春、江戸にあった鷹山は、藩邸で「地の利を尽くすために諸国の良農の教えを聞かせたいものだ」と述べ、細井平洲に斡旋を依頼して「秘書」一冊を貸与されている（『聿修篇』）。

そして、七家騒動を乗り切った同年一〇月二六日、鷹山は前年に任命した郷村出役一二名を自身の前に召し出し、自ら次のような「上意」を伝えた。「国を富まし、民を安んずるには、地の利を尽くすという一点につきる。いずれも精を出して励むよう頼む」と。鷹山は、藩主として、「富国安民」を目指して「地の利を尽くす」ことを強く推進する姿勢を自ら表明するに至ったのである。

次なる問題は、そうした新たな産業の振興に要する大きな資金をいかにして確保するかにあった。藩領内での資金調達の限界が明らかな今、その最も有望な提供元は、度重なる不義理によって関係が冷え切ってしまっていた藩領外の都市商人・有力豪農以外に考えられなかった。

4　三谷三九郎と馬場次郎兵衛

役所役・馬場次郎兵衛

米沢藩には、あまり目立たないが藩政運営に不可欠な「役所役《やくしょやく》」という職がある。三人の奉行の直属の部下として奉行の役所（執務所）に詰め、藩政の実務を担当する下級役人である。上杉鷹山が藩主に就いた明和四年（一七六七）には、奉行は竹俣当綱・千坂高敦・芋川正令《いもかわまさのり》の体制で、同年七月までに彼らの下で働く七名の役所役が任じられたが、その一人に組外の下級藩士馬場次郎兵衛頼綱《よりつな》がいた。

享保一八年（一七三三）生まれの馬場は、竹俣当綱とは四歳年下のほぼ同年代だったが、木《き》ノ実御蔵役《みおくらやく》馬場次右衛門の跡を継いだ時の俸禄は一人扶持三石五斗、同じ藩士とは言っても、知行千石の重臣である竹俣とは厳然たる格の違いがある。家督相続前のことであろう、竹俣が翁《おう》助《すけ》を名乗っていた頃には、重臣たちの夜話の会の席上、馬場は給仕を務める立場にあったのである。

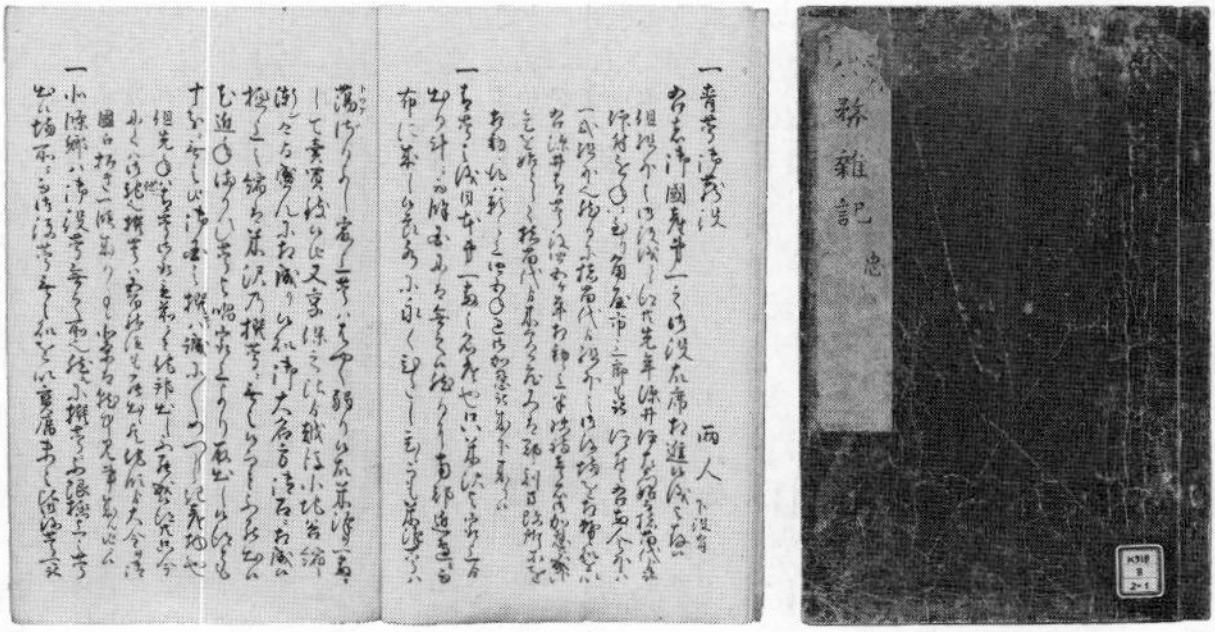

図 2-7　馬場次郎兵衛『組外公務雑記』(市立米沢図書館蔵)

馬場次郎兵衛と竹俣当綱

その後、馬場は、御《お》付物書《つきものかき》から小国《おぐに》御鍛冶屋《おかじや》御筒屋《おどうや》横目《よこめ》を経て、父と同じ木ノ実御蔵役を勤めていた。「木ノ実」というのは漆の木に成る実のことで、これを絞って蠟に加工し蠟燭の原料にするのである。漆は、米沢藩領の古くからの名産で、米沢藩では一七世紀以来、漆蠟を藩が買い上げる専売制をとっていた。漆の木の実は、その増産が前半の改革における富国策の要とされることにもなる重要な産物であった。領内産の漆の実の筒屋《どうや》(加工場)への集荷、加工、出荷などに関する勤務に携わっていた馬場が、上杉鷹山の襲封とほぼ同時に、改革の実務を担う役所役に抜擢されることになったのである。

後に俳諧集・和歌集を編むなど(『松の花』『今見草』、いずれも寛政一〇年〈一七九八〉)、文芸の嗜みもあった馬場を、竹俣は厚く信頼し、同役島覚《しまかく》右《え》衛門《もん》とともに、竹俣が担当していた農政の係(郷村方の御用懸《ごようがかり》、明和七年より郡割所《ぐんわりじょ》勤務)に任じた。こうして馬場次郎兵衛は、次第に藩政の重要課題にも関与するようになっていった。

江戸両替商・三谷三九郎

役所役に就いた馬場にとって、当初直面した最大の課題は、藩政の資金確保の鍵となる金主との交渉だった。森平右衛門政権の時以来、混乱する藩政の中で、当面必要となる領外都市商人からの資金融通が逼塞する事態に至っていたからだ。いかに借財が莫大な額になろうとも、商人らからの十分な資金の融通が途切れなければ、藩の運営には何の支障も生じない。だが、ひとたび金主たちの不興を買って資金融通が滞れば、俸禄の支給から参勤交代に至るまで、藩政運営は途端に大きな困難に直面することになるのである。その典型が米沢藩と三谷三九郎《みたにさんくろう》との関係だった。

すでに前章でもふれたように、江戸本両替商として知られる三谷家は、三〇万石時代から長く米沢藩と関係を取り結び、藩領の特産品である蠟の蔵元に指定された有力な商家だった。ところが、宝暦年間(一七五一～一七六四)に藩主側近として台頭した森平右衛門が、行き詰まりを見せた藩財政の打開を企図して、それまでの信頼関係を崩し去るかのように一方的に蠟蔵元を

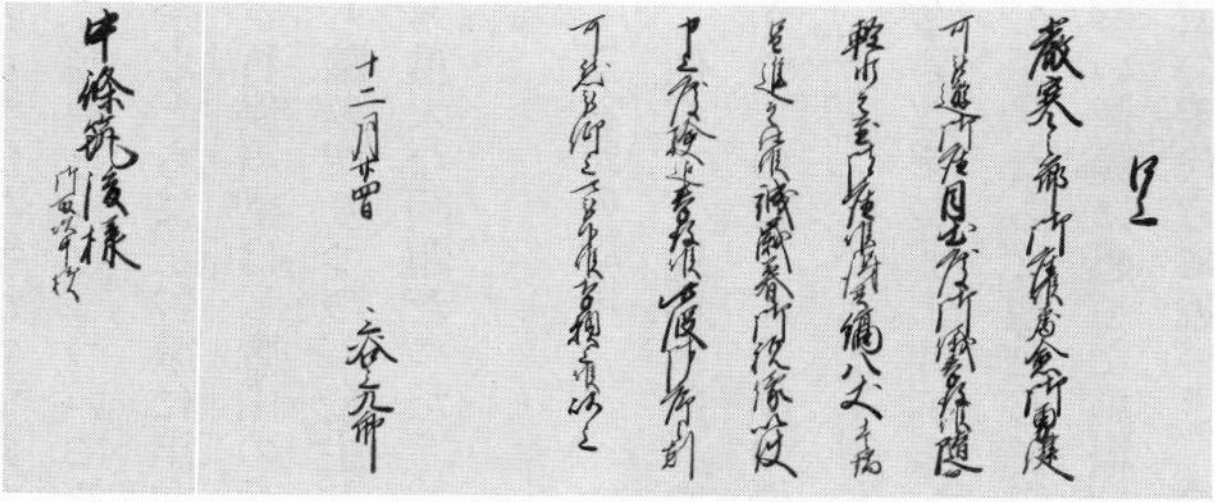

図 2-8　三谷三九郎書状(中条親資宛．米沢市上杉博物館蔵)

野《の》挽甚兵衛《びきじんべえ》に移すと、これに憤った三谷家は、定例の挨拶や品物の献上、諸役人への付け届けは従来通り行って義理を尽くしながら、米沢藩への資金融通についてはこれを一切断るという挙に出た。そのため、宝暦四年に米沢藩が幕府から東叡山(上野の寛永寺)修復工事を命じられた際、資金繰りに詰まった米沢藩が、藩主重定直々に丁重に依頼するという異例の接遇をとっても、親類・手代《てだい》まで一致結束して依頼を断固拒否し切ってしまったのだ。これ以来、江戸・京で上杉家を顧みる金主はいなくなり、米沢藩は、上杉家に代々伝わる宝物の質入れ、領内士民の負担増で補うなどして穴埋めせざるを得なくなった。それは、その状況を肌で知る馬場次郎兵衛にとっては、「悪寒の苦しみ」と言わざるを得ないほどの事態だった。

　この事態が改善の兆しを見せ始めたのは、竹俣による森平右衛門の殺害以降である。蔵元変更の責任者と目された森を排除した上で竹俣が行った交渉が功を奏し、三谷家は少額の融通には応じるようになったのである。さらに、竹俣は、文化人的一面を持つ当主三谷三九郎の人柄に応じて接触を続け、ついにその歓心を買うことに成功する。鷹山の家督相続を機に、竹俣は芋川正令とともに三谷家に出向いて再び交渉をまとめ、米沢蠟の取扱を旧に復した。

竹俣当綱は、鷹山の教育に力を尽くすのと並行して、森平右衛門殺害という危うい強行策にも踏み切りつつ、金主との交渉に奔走したのだ。藩政の運営にとって、金主との関係はそれほど重大な問題だった。

三谷家の説得

他方で、馬場次郎兵衛が輪番で江戸に上った明和七年になっても、三谷家は米沢藩に対し、かつてのような高額の融資に応じる姿勢は見せていなかった。宝暦年間の上杉家と三谷家との「齟齬」が長く尾を引き続けていたのである。同年秋、交替で江戸勤めになった際、出立前に竹俣に特に呼び出された馬場は、こうした三谷家との関係の現状を伝えられ、三谷三九郎やその手代たちと親睦して三谷家の方針を変更させる下地づくりをするよう特命を受けた。竹俣の厚い信頼に感じた馬場は、江戸に出ると、日々の勤めの傍ら、機会あるごとに策を案じて三谷家の手代らに近づき、徐々に信頼を得るとともに、三谷家の方針を転換させるには、手代たちの心証が最も重要であることを理解していった。

三谷家手代の米沢招聘

前後四年にわたる馬場次郎兵衛の取り組みは、三谷家と上杉家との関係をいっそう融和に向かわせていった。米沢藩の江戸藩邸も類焼した明和九年(一七七二)二月の江戸大火の際に、同じく類焼した三谷家と相互に見舞いを持ち寄ったことをはじめ、馬場の取り組みと三谷家の様子について報告を受けた竹俣当綱は安永三年、馬場を呼び出し、次のように命じた。「この時をのがさず、三谷家の手代を呼び下してわが国を案内し、手代と面談して我々の心中を開陳し、融資を頼もうではないか」と。かくて、関係部局・役人らの同意を得て江戸で調整した結果、九月一七日からの数日の日程で、三谷家手代喜左衛門《きざえもん》の米沢下向が実現したのである。

入念に準備を進めて喜左衛門を米沢の地に迎えた竹俣当綱・馬場次郎兵衛らは、城下周辺の漆木の実蔵や漆蠟加工場、新築の備米蔵三棟、小出村《こいで》(現長井市)の筒屋での蠟打ち、宮村《みや》(同)の上米蔵(酒田への廻米の拠点)、荒砥村《あらと》(現白鷹町)の桑畑開作場・青苧蔵などを案内して回った。喜左衛門に対して現地でプレゼンを行い、米沢藩の産業の現状、改革の成果と可能性のアピールに全力を尽くしたのである。

領内視察日程の最後に、竹俣は自ら著した一冊の小冊子を喜左衛門に手渡した。太宰春台の経世書に倣って「産語」と題されたその冊子は、漆・桑・楮・紅花・藍等々の産品の生産見込みから飢饉対策としての備米蔵の設置状況までを説明した殖産計画書だった。竹俣は、「地の利を尽くして国産品生産を振興するため、三谷家が融資に応じてくれるよう、くれぐれも頼み入る」と記して、その計画書を喜左衛門に託し、三谷家の判断に期待したのである。

はたして、竹俣が著した殖産計画書「産語」は、三谷三九郎を甚だ感心させることに結果した。「産語一冊、三谷父子手代ども感心し奉り、千五百両、安永五年に御用立て申し候」とは、馬場次郎兵衛が記すところである（『聿修篇』）。

政治を動かす「富国安民」の理念

藩政運営資金の融通を担った三谷三九郎は、米沢藩と藩政担当者が信頼に値するかどうか、手代による現地視察や殖産計画書の内容まで踏まえて、きわめて厳格に判断したのである。さらに言えば、融資に見合う成果をも見極めていたのかもしれない。その視野には、経済的なリターン、さらには当時の政治の理念であった「仁政」による「安民」の実現の可能性までも入っていただろうか。

いずれにしても、「地の利を尽くす」ことで「富国安民」を実現する、という改革の理念は、現実的で具体的な殖産計画とも相まって、江戸の有力商人をも感心させるだけの説得力を持っていたのである。

「富国安民」の理念は、当時の政治（改革）を大きく進める原動力となりつつあった。

5　殖産政策の展開――郷村出役と村々

家臣団の説得

藩内の政治体制を固め、財政面でも当面の財源を確保した安永四年（一七七五）以降、改革は抜本的な財政立て直し策としての大規模な殖産政策実施の段階に至った。本章の冒頭でみた、漆・桑・楮各百万本植立てや縮織技術者の招聘と製造工場の設置などの施策が本格的に展開されることになるのである。

安永四年八月、竹俣当綱は、殖産政策に着手するにあたって、まず藩の財政収支を記した帳簿である「取箇帳《とりかちょう》」を家臣団に公開し、改革政策遂行が不可欠であることを説いた。藩財政収支の公開という前例を見ない措置をとって、半知借上を継続せざるを得ない状況下での殖産にかかる多額の費用支出について、家臣団に理解を求めたのである。

その際の布告である「取箇帳公示の告諭書」(『鷹山公世紀』)には、次のように記されている。

「此上、上において別に不思議の術もこれ無く、ただ地の利を尽くして農桑の二つを盛んにし、追々休み地を起こし、荒所を取り立て、あるいは御国産の品々を相増し、年々の御出方を備え、是を以てお恵み成し下され候ほかこれ有るまじく候」。半知借上の原因となっている藩財政逼迫を一挙に解消するマジックなどない。ただただ「地の利を尽くす」ことによって、農業生産力を高め、商品生産(主に加工品の原料)を盛んにするしかないのだ。竹俣は「富国安民」の方法たる「地の利を尽くす」という理念を説いて、家臣団に借上返知への期待感を持たせ、殖産政策実施への理解を求めたのである。

「富国安民」、「地の利を尽くす」という理念は、こうして民政役人や江戸の特権商人層はもちろんのこと、藩士各層にも、自らの生活に関わる問題を解決に導く理念として受け入れられることになったのである。

殖産政策の加速と郷村出役

こうして竹俣は、「地の利を尽くす」ための殖産政策遂行に邁進していく。郷村御用懸として農村政策を管掌する奉行となった竹俣は、中之間年寄・郡奉行・御使番・勘定頭・役所役・代官らを同伴して、精力的に領内を巡回した。農民を督励するとともに、村々の土地を視察して殖産計画を具体化するためである。

巡回先で竹俣が相談相手としたのが、領内各地に駐在して農村行政にあたっていた郷村出役たちだ。竹俣は巡回先で、領内一二カ所をそれぞれ管轄する郷村出役を呼び出し、どうすれば「地の利を尽くす」ことが可能であるか、昼夜を問わずひたすら議論を重ねていたといわれる（『聿修篇』）。

郷村出役による殖産計画の協議

殖産政策実施表明の翌安永五年五月一日、竹俣当綱は郷村出役のリーダー格だった小川源左衛門に対して植立て計画の詳細を申し渡した。それ以前に竹俣は、領内の北条郷などで生産されていた青苧に関する殖産を企図し、郷村出役に検討を命じていたが、見送るべきだという上申を受けて中止することを伝え、これに代えて漆の植立て計画の検討を命じたのである。竹俣は、郷村出役一同で自らの計画案の実行可能性について協議することを指示した（以下、渡部浅右衛門「万勤方日記」）。

これをうけて郷村出役たちは四日、城下に登り、山上辺出役《やまがみへんでやく》(山上村〈現米沢市〉と近辺の村々を管轄した郷村出役)の渡部浅右衛門《わたなべあさえもん》宅に集まって協議を行った。その場で郷村出役たちは、「このたびの殖産政策が成功すれば、藩の領知が加増されるのと同じことであるから、事は重大である」との認識で一致した。郷村出役たちは、竹俣の政策理念を十分に認識し、農村での駐在経験から計画の内容をしっかり吟味しながら、殖産政策の実施に向けた取り組みを進めていったのである。漆植立てに関しては、六月二五日にも大塚辺《おおつかへん》出役金田三左衛門《かねださんざえもん》宅で協議が行われた。

漆植立ての実際

では、漆植立ては村方において竹俣の期待通りに進んだのだろうか。計画案の検討から四カ月近く経った八月二〇日、状況報告を求められた渡部浅右衛門は、郡奉行所に一通の覚書を提出した。それによると、漆を植えるべき畑地を十分所持していない百姓がいること、そのため百姓の家ごとに本数を割り当てるのは難しいこと、苗木不足や根付きの悪い土地があることなどが報告されている。

渡部は、個々の百姓が規定本数を満たすだけの土地を持たない場合は、村全体で割り当て本数を調整したり、土地に余裕のある村に余計に割り当てたりすることで、竹俣の考案した植立て目標の達成を目指した。しかし、渡部が規定本数の達成に苦心したことは、藩の強力な主導による植立て計画が村方の実情にそぐわない場合も多かったことを示している。

そしてこのような状況は、その後も簡単には解消しなかった。竹俣によれば、植立ての実施は何度も延期となり、その事情を代官所・郷村出役に書面で尋ねてもなかなか回答があがってこなかった。このままでは、百万本植立ては成就しがたい、うまくいかないのであれば、その訳を申し出よと何度も催促して、ようやく、漆の苗木が不足していることが判明するというありさまだったのだ（竹俣当綱「留帳」安永七年、市立米沢図書館蔵鶴城叢書）。

図 2-9　漆木の栽培

百姓たちの生活問題

竹俣当綱らが殖産政策の遅延に焦慮し、郷村出役を通じて植立て実施を督促するなか、政策の対象となった村々の百姓たちは何を求めていたのだろうか。

この点で注目されるのは、郷村出役のもとに、百姓たちの生活問題が次々と持ち込まれたことだ。例えば、渡部浅右衛門が出役に着任してすぐの安永五年四月、李山村《すもももやま》（現米沢市）の彦右衛門の娘である「ミよ」が「面談」したいと渡部のもとを訪れた。用事がある場合は、親を同伴するようにと渡部が伝えると、ミよは早速、親を連れて再来し、夫婦の離別問題について渡部に相談を始めたのである。

この一件の結末は残念ながら不明だが、渡部のもとには、ミよのような相談をはじめ、村方の様々な問題が持ち込まれ、渡部も郷村出役として精力的に対応していった。ここでそのいくつかを、渡部の日記に基づいて紹介しておこう。

村々の願い出と郷村出役の対応

同じ安永五年六月六日、日雇い稼ぎで何とか露命をつないでいた堂森村《どうもり》（現米沢市）の百姓一三名が、藩に夫食籾《ふじきもみ》（糧食）の拝借を願い出たいと、同村組頭を通して渡部に申し出てきた。渡部は、願い出の内容や生活の実態を精査した上で、代官所に願いを提出させ、郡奉行にも拝借籾下付の早期承認を要請し、迅速な支給を実現させた。

また、山上村大沢《おおさわ》の百姓六名が飯米不足に陥り、米の拝借を願い出た際には、渡部は自ら飯米不足の百姓宅に足を運び、家族構成や罹病者、生活維持の可能性などを詳細に確認・把握した。背負い荷物の搬送といった日雇い労働収入による生活維持の可能性まで検討した上で、郡奉行に迅速に支給すべき事案であることを上申したのである。

九月二八日には、東山上村の肝煎(名主・庄屋にあたる)・組頭ら五名から渡部に、「この度、洪水につき用水堰押し切れ、苗代等へも水難相懸かり」、「御見分の上、諸品成し下し置かれたく存じ奉り候」という水害救援の嘆願が出された。渡部はこれを認め、二九日に自ら見分と用水堰修復工事の見積もりを行った。

村々は何を求めていたか

このとき東山上村の役人たちは、「見分人等引き請けの時は雑用も相懸かり折角」との「実意」から、渡部による見分を願い出たという。村方は、郷村出役に見分と申請を行ってもらった方が、あらたに見分役人が派遣されてくるのに比べて経費負担の軽減につながると考えて、渡部に願い出たのだ。郷村出役という存在を、村方も意図的に利用していたのである。

以上のように、当時の村々・百姓たちが求めていたものは、殖産政策であるよりは、生命・生活を維持するためのすみやかな救済策の実行であり、租税以外にかかる様々な負担の軽減だった。「富国安民」を実現するために「地の利を尽くす」という理念に基づいた殖産政策は、こうして藩領の村々に住む百姓たちの希求とはズレをはらむものでもあったのだ。「富国安民」を標榜した政策を村々の実態に即したものとして展開するには、さらなる試行錯誤と時間が必要だったのである。

殖産政策の推進

一方で、こうした状況の中でも、現場で職務にあたった役人たちは、様々な実務をこなすかたわら、竹俣らの意向に沿って殖産政策の遂行や農業技術の研究に取り組んでいた。中でも今成平兵衛・吉四郎《きちしろう》父子の精力的な殖産の取り組みは顕著なものである。父今成平兵衛は代官として、藍・楮・紙・塩・梨・茶など、多くの産物の導入・普及を進め、隠居後まで「御国益」となる産物の導入・生産について度々意見を上書した(「今成家系図」今成家所蔵)。また、今成吉四郎は、後述する神保子廉《じんぼしれん》(綱忠《つなただ》、蘭室《らんしつ》)を介して細井平洲から『農業全書』(元禄一〇年〈一六九七〉に宮崎安貞が著した、近世を代表する農書)を入手するとともに、同書の元となった『農政全書』の閲覧を勧められ(『上杉鷹山――改革への道』)、代官蓬田久四郎《よもぎだきゅうしろう》の嫡子郁助《いくすけ》と共に農業技術を研究して『農政全書国字』(安永七年四月)を著した。今成吉四郎は、「地の利を尽くす」と同義である「尽地力」の語も用いて、領内農村の状況に応じて深耕や肥やしの重要性を説き(第四章参照)、技術指導を行う「農師」の設置まで提言したのである。

さらに、郷村出役の村山杢右衛門《むらやまもくえもん》や片山代次郎《かたやまだいじろう》らは、漆苗根伏方頭取《うるしなえねふせかたとうどり》に任じられた山口《やまぐち》村(現白鷹町)の肝煎卯兵衛《うへえ》とともに漆の根伏せ作業を推進し、安永七年五月には、計四七万本余の漆苗木を仕立てるという成果をあげた。加えて、漆苗木づくりにも功あった郷村出役の古藤《こどう》長左衛門《ちょうざえもん》は、同役湯野川善次《ゆのかわぜんじ》とともに、桑の栽培の研究にも精力を傾け、桑栽培について知悉するにいたったという(竹俣当綱『国政談』)。

代官や郷村出役たちは、村々の事情や求めに配慮しつつ、殖産政策を推進するという、容易ではない課題に対して、大きな努力を払ってこれに取り組み、一定の成果をあげたといえよう。

同時に、郷村出役たちのはたらきには、村方でこれを支える人々の存在が欠かせなかったことも見落とせない。渡部浅右衛門の相談相手として漆植立てに動いた斎藤五右衛門《さいとうごえもん》や、安永六年九月に赤湯辺《あかゆへん》出役樋口茂右衛門《ひぐちもえもん》に植立ての費用拝借を願い出た金山《かねやま》村藤右衛門《とうえもん》、楮苗百万本の育成を申し出た鮎貝《あゆかい》村七右衛門《しちえもん》(竹俣当綱「産語」)、縮織技術の導入を図った小出村肝煎横沢《よこさわ》忠兵衛《ちゅうべえ》、今成平兵衛とともに松尾梨子《まつおなし》を国産化した高津久《こうづく》(高豆蔻)村肝煎与捴兵衛《よそうべえ》(『聿修篇』)らが、殖産政策の面で竹俣・郷村出役らによる改革を支えた人々として知られる。

殖産政策の成果

以上に見てきた漆の植立てについては、西国の櫨蠟《はぜろう》との競合による政策の失敗が指摘されることもあるが、天明二年(一七八二)までの植立て本数五一万九千本余という相当な成果をあげ、多額の財源(六七四四両余)になったと推定されている(横山昭男『上杉鷹山』)。このような殖産政策の結果をどのように評価するかは難しいところだが、幕末にかけて米沢藩領を訪れた人々の間でも、漆の木が数多く生い茂る景観は、印象深いものとして、その見聞録に記録されている(第五章参照)。少なくとも、漆の木の実とそれを原料とした蠟の生産は、以後も米沢藩の主要な産品の一つであり続けたのである。

同時に、「地の利を尽くす」という理念は、竹俣失脚(天明二年)後の藩政においても一定の役割を果たしていった。例えば、細井平洲に学んだ好学藩士として後年まで鷹山を支えた神保蘭室は、「千言万談地の利を尽くすに止どまり申す事、いやはや〳〵この事にて御座候。この間も『蚕経』と申す書を学び候ところ……」と述べている(竹俣『発明』への付札、天明年間)。また、寛政二年(一七九〇)一二月、上杉駿河守(支藩藩主)小姓田中甚左衛門《たなかじんざえもん》は、その意見書で、「前文に相顕わし候通り、地の理(利)を尽くし申す事、第一の御義と存じ奉り候。左候えば桑・漆植え候も、地を余さざるの一つにも候……」と記している(「読史堂叢書」上杉文書一四七五)。

　神保は興譲館の提学(学政を司る役職)になるなど天明期以降の藩政においても重要な役割を果たした人物であり、田中の意見書は寛政改革着手にあたって家中全体を対象とする意見募集に応じたものである。竹俣当綱失脚後も、「地の利を尽くす」という理念は、為政者層により重視され、寛政改革における政策立案過程にも影響を及ぼしたのである。

「富国安民」論登場の意味

　こうして、米沢藩の明和・安永改革は、「富国強兵」の語を用いて「尽地力之説(地利之説)」を説いた太宰春台の経世論をもとに構想された。上杉鷹山を戴いて改革の中心となった竹俣当綱は、『経済録』や『産語』で示されたこの経世論に基づいて、より改革の課題に見合った理念として「富国安民」を掲げ、資金源であった江戸の商人や藩士各層の理解を得つつ、「地の利を尽くす」殖産政策を遂行したのである。

　米沢藩の改革以前には、仙台藩の林子平が『富国建議《ふこくけんぎ》』(明和二年)で「地利の事」と題した章を設けて、「地(の)利は御国政の重き事」、「よく地(の)利を取り立て候えば、大いに国の富と成り候事」と述べ(『日本思想大系38　近世政道論』)、「地利を尽す」という理念を「富国」実現の鍵とする見解を示している。

しかしその一方で、太宰春台や林子平のような思想家の経世論ではなく、藩国家の主要な目標として「富国安民」と「地の利を尽くす」を前面に掲げ、具体的で大規模な殖産政策を遂行したのは、上杉鷹山による米沢藩の改革がその嚆矢と言っていいだろう。幕府・諸藩の為政者らの多くが、それぞれの「富国」を切実な課題とし始めるのは、一八世紀末から一九世紀初頭にかけてのことである。いくつか例を示しておけば、文化四年(一八〇七)、会津藩の天明改革を行った「賢宰」として知られる家老田中《たなか》玄宰《はるなか》が、昌平坂学問所の幕府儒官林《はやし》述斎《じゅっさい》に「富国の事」について相談を持ち掛けたこと(小関悠一郎「江戸時代の「富国強兵」論と「民利」の思想」)、「地力を尽くす」ことを「富国の要」と位置づけて林政を論じた広島藩の執政堀江《ほりえ》典膳《てんぜん》(「御山方内考之趣意書」文化六年)、「尽地力」を「富国」の端緒とした鹿児島藩諸木仕建掛山元《やまもと》藤助《とうすけ》の上申書(慶応元年〈一八六五〉五月)などがあげられる(第五章参照)。

こうして「富国」は、近代以降まで最も重要な政治課題の一つと見なされるようになり、大きな政治的論点とされていく。米沢藩の明和・安永改革は、「富国」が国家目標化していく歴史的な流れのスタート地点に位置していたのである。

第三章　明君像の形成と『翹楚篇』

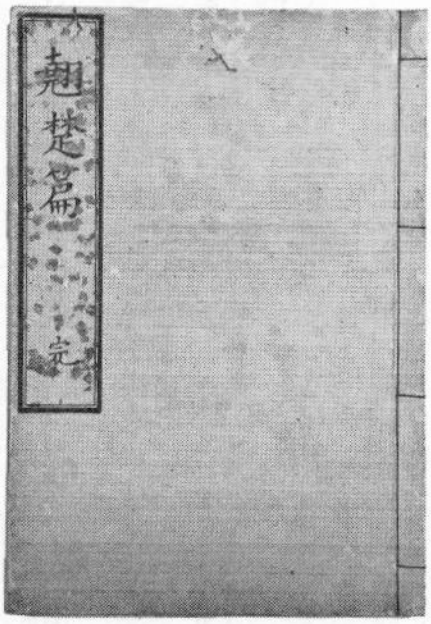

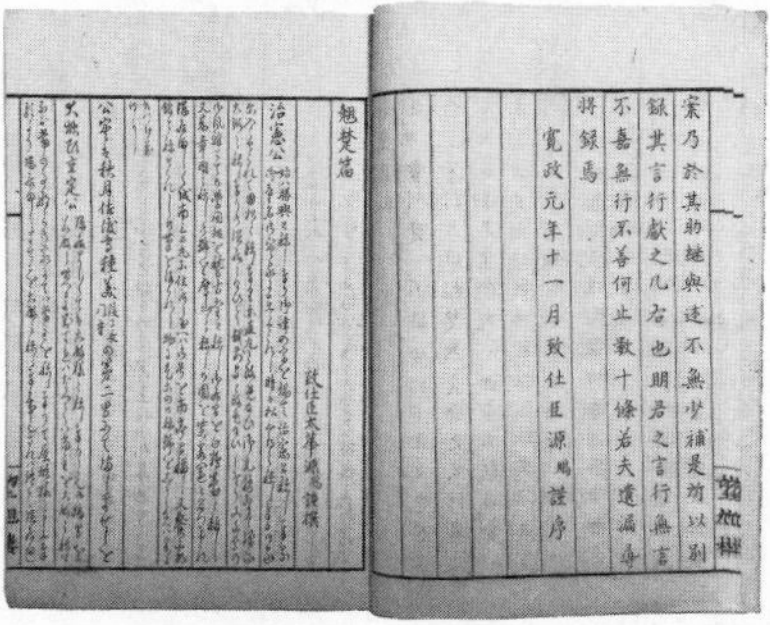

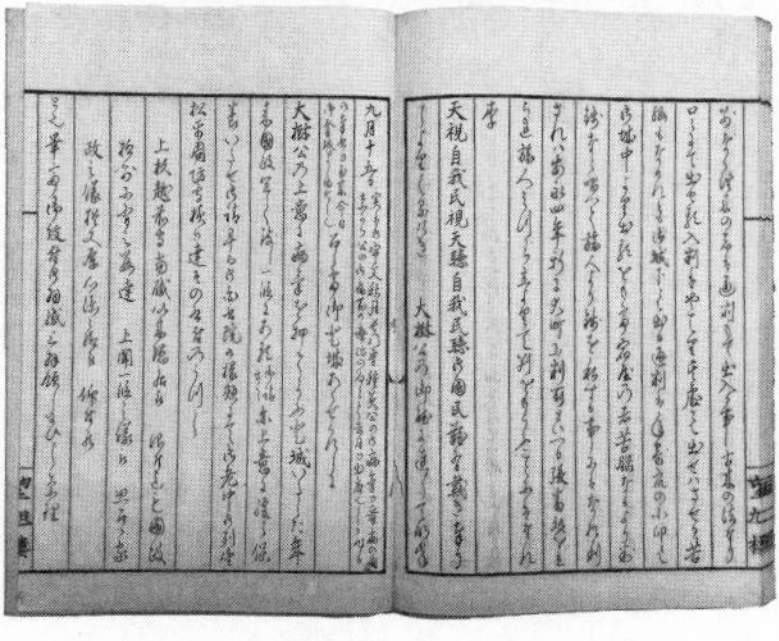

莅戸善政『翹楚篇』（著者架蔵）

1　明君録とはなにか

『翹楚篇』という書物

花亭「貴殿は、上杉鷹山公の賢徳をご存じですかな？」

東湖「『翹楚篇《ぎょうそへん》』ですとか、最近尾張藩の細井藤介《とうすけ》〔平洲の子〕が版行した『嚶鳴館遺事《おうめいかんいじ》〔草〕』を読んで、大体のところは知っておりますが……」

ある時、幕臣で代官・勘定奉行などを勤めた岡本花亭《おかもとかてい》（一七六七〜一八五〇）と水戸藩の藤田東湖《ふじたとうこ》（一八〇六〜一八五五）との間で交わされたやり取りである（藤田東湖「見聞偶筆」）。「周知の本だが……」というニュアンスであろう、東湖が言及した『翹楚篇』は、鷹山の側近だった莅戸善政が寛政元年（一七八九）に著し、翌年、上杉顕孝《あきたか》（鷹山の実子。天明五年〈一七八五〉の鷹山隠居時に十代藩主治広《はるひろ》の世子となる）に献呈した鷹山の言行録である。藩政の事績をはじめ、鷹山の民を思う心や孝行・敬老の実践、家臣に対する慈悲深さ・任用の巧みさなど、五六の逸話が収録されている。上杉家はもちろん、家臣や領民を思う誠の心が、鷹山の神対応とも言うべき行動を生み出す。誠実さに満ちた鷹山の言行を描き出すこの本は、現在ではその名を目にすることがあまりない、忘れられた書物とさえ言えるかもしれない。

ところが、江戸時代後期、『翹楚篇』は「上杉鷹山公の賢徳」を示す言行録として、実に多くの人に享受された本だった。大量出版されたわけでもなく、手写本でのみ読まれたにもかかわらず、筆者が確認できたものだけでも一三〇点以上現存しているから、これをはるかに超える数の写本がかつて存在したことになる。その旧蔵者は、大名家の文庫や藩校の蔵書、諸藩の藩士や学者、さらには上層農民や貸本屋にまで及ぶ。江戸時代の一大名の言行録としては、大変広く読まれた本である。

伝播する『翹楚篇』

『翹楚篇』は成立後ほどなく、各地の学者・藩士たちに出回り始めた。『翹楚篇』に序文を寄せた細井平洲の蔵本を最初に借り受けて筆写したのは、薩摩藩校造士館《ぞうしかん》教授赤崎彦礼《あかざきげんれい》(源助、海門)だ。平洲に断りを入れた上で赤崎の写本を筆写した土佐藩士箕浦直彝《みのうらなおつね》がこれに続いた。平洲生前だから、寛政年間(一七八九〜一八〇二)のことである。

赤崎彦礼は、「寛政三博士」の一人柴野栗山《しばのりつざん》に推されて幕府の学問所でも経学を講じた人、箕浦直彝は藩主小姓の経験を持つとともに松平定信から『求言録』を贈られたこともあり、当時の幕府との結びつきも持つ人物だった。当然、彼らは多くの学者・武士たちとも交友関係を持ち、影響力もあった。事実、彼らの写本(を元とする写本)は、天保年間(一八三〇〜一八四四)にはさらに柳川《やながわ》藩の山崎久卿《やまさききゅうけい》、磐城平《いわきたいら》藩の鍋田三善《なべたさんぜん》らに転写されていったのだ。「翹楚篇を得、これを読むに、実に感ずべきこと多し」。水戸藩で郡奉行などをつとめ、農村救済に力を尽くした小宮山楓軒《こみやまふうけん》もこう記している。『翹楚篇』は当時の多くの人に感銘を与えながら、写本として伝播していったのである。

五人の明君藩主

鷹山が「明君」と見なされたことや『翹楚篇』の流布については、当の米沢藩士たちも強く意識していた。時代は少し下るが、鷹山没後の文政九年(一八二六)から翌年にかけて、米沢藩の記録所で作成された文書には、次のような記述が含まれている。

鷹山公の美名は四海に轟いております。天下古今の明君を数えて五君と称されますが、そのうちの一人とされているとのことでございます。今この四君主の言行を記した冊子を拝見しますと、誠にその治世が慕わしく思われます。鷹山公の御事蹟については近年、莅戸太華翁〔善政〕の著述を他藩の人まで伝写していると聞いております。

（「御記録所局中之留」）

当時鷹山は、天下古今で特に優れた五人の「明君」の一人と称えられていたという。記録所員の一人小田切盛敞《おだぎりもりあき》が「水戸義侯に西山遺事《せいざんいじ》有り、熊本侯に銀台遺事《ぎんだいいじ》有り、岡山侯に君則《くんそく》有り、会津侯に言行録有り、皆邦君《ほうくん》の訓《おし》えたるべし」（『仰止録』）とも記しているから、「五君」というのは、水戸藩主徳川光圀《とくがわみつくに》、熊本藩主細川重賢、岡山藩主池田《いけだ》光政《みつまさ》、会津藩主保科正之《ほしなまさゆき》に鷹山を加えた明君藩主たちである。

明君藩主の言行録

この五人が「明君」と称揚されたのは、いずれも単にその評判が口伝えで自然と人々の間に広がったからだというわけではない。それぞれの「言行を記した冊子」もまた、『翹楚篇』同様、巷間に流布していた。当時の人々は、『西山遺事』『銀台遺事』『君則』『言行録』などを通して、彼らの治世を知り、「明君」として慕っていたのだ。我が主君への教訓としてこれらの書物に注目する武士らも少なくなかった。

「明君録」と呼ばれるこれらの書物は、江戸時代の人々にとって、政治や君主のあり方を学び、考えるための重要な媒体・情報源となる書物だった。特定の将軍・大名に対する「明君」

という評価の定着と浸透は、明君録という書物なくしては考えにくいのである。

明君録への着目

かつて、「明君(名君)」と言えば、それは強力な改革主体・政治指導者と理解されてきた。彼らが実際に何をしたか、政治行動や政策の実態が問題とされ、事実解明が進められてきたのである。ところが、『翹楚篇』などの明君録は、君主個人を顕彰する意図が色濃く、記述の事実性を厳密に確定するのにも困難がつきまとう。そのため、これまで史料としては、ほとんど顧みられなかった。「明君」という言葉そのものにも、君主顕彰の意味合いが伴い、それが喧伝されればされるほど、実像との隔たりが大きくなりかねないのだから当然ではある。

だが、明君録が多くの読者を得ることで近世の政治・社会に広く影響を及ぼしたことを踏まえれば、史料として正当に取り上げなければならない。明君録は、どのような背景の下に、いかにして生み出されたのか。書き手の置かれた状況・立場や執筆の意図――何のために、誰に向けて書いたのか――を解明することで、単に「明君」を顕彰するのとは異なる時代像が描けるはずなのである。

『翹楚篇』から改革をさぐる

さて上杉鷹山の場合、『西山遺事』『銀台遺事』『君則』『言行録』に該当する書物が、さきの引用の末尾に見える「莅戸太華翁の著述」すなわち『翹楚篇』である。さきに引いた記録所の文書にも、「先代の莅戸大夫が編集された『翹楚篇』は、……今広く世に流布しているものでございます」との記述がみえる。莅戸善政による『翹楚篇』の執筆とその写本の流布こそは、上杉鷹山＝「明君」という評価を確定し、定着・浸透させる大きな要因となったのである。

それではいったいなぜ、莅戸善政はこのように大きな影響力を持つことになる明君録を執筆することになったのだろうか。『翹楚篇』は鷹山をどのように描き出しているのか。そしてそれは、米沢藩の改革といかなる関わりを持っていたのか。以下本章では、莅戸善政と『翹楚篇』に光を当て、上杉鷹山による改革の展開を追いかけてみることにしたい。

2　莅戸善政と上杉鷹山

莅戸善政という人物

莅戸九郎兵衛善政(号、太華。一七三五〜一八〇三)は、享保二〇年(一七三五)、代々馬廻組の中

図 3-1　莅戸善政像（米沢市上杉博物館蔵）

級藩士の家に生まれた。竹俣当綱よりは六歳の年下である。六歳で父平八郎《へいはちろう》英政《ひでまさ》を亡くした善政が、祖父九郎兵衛政共《まさとも》の跡を継いで莅戸家の家督を相続したのは一七歳の時だった。上杉鷹山がこの世に生を享けたのと同じ寛延四年（一七五一）のことである。祖父の働きもあって、中之《なかの》間《ま》詰《づめ》入り平番総筆頭として一八〇石を与えられた莅戸善政は、温雅であると同時に緻密で周到な実務家という側面を持つ人物だった。

学問に対する関心も高かった莅戸が菁莪社中の一員に加わり（前章参照）、交友の中で仲間の信頼を得、政治意識を高めていったことは、その後の歩みを大きく変えていくことになる。宝暦一三年（一七六三）の竹俣による森平右衛門謀殺の際には、血判誓詞に名を連ねて、計画の主要メンバーの一人となったのである。明和四年（一七六七）に鷹山が藩主の座に就くと、同年八月に鷹山の小姓に任命され、同六年には町奉行、安永元年（一七七二）には小姓頭に進んで三〇〇石を加増された。莅戸は、改革政治が展開する中で、その中心となった竹俣に信頼されつつ、竹俣が失脚した後も長期にわたり鷹山に近侍して、改革推進に大きな役割を果たすことになったのである。こうした中で莅戸は、どのように藩主重定と鷹山に接したのだろうか。

藩主重定の隠居

森平右衛門の謀殺から三年、菁莪社中が期待した藩政の改革は遅々として進んでいなかった。森亡き後も近習体制を温存した藩主重定が重い腰を上げなかったのである。「この上はひとえに御仁徳を仰ぎ奉り候ほかござなく候」（「評判書発端」明和三年、市立米沢図書館竹俣家文書）。危機感を強めた竹俣当綱は、重定の指導力発揮を期待して、何度となく直言した。ところが重定は、物忌み・乱舞を好み、藩政には一向に関心を示さない。竹俣は「せめては乱舞の半々も御国政に御心を尽くされ」たいと重定に直接迫ったが（竹俣当綱「留帳」二、明和四年正月一四日条、同文書）、重定の行状は一向に改まらなかった。

そこで竹俣はついに決断する。「事をあらため申すには、御代が替わり申さず候ては、人々ほんに仕らず候」と。改革を断行し藩政を刷新するには、藩主が代替わりしなくては藩士たちも本気で取り組めない。竹俣は「御政事へ御心はまり申さず」という状態であった重定に直接隠居を迫るに至ったのだ（「明和三年丙戌七月留帳」『編年文書』所収、上杉文書一四九〇）。

藩内諸勢力をまとめて改革を実行するのは容易ではなく、それゆえ藩政に主体的に取り組み、指導力を発揮しうる藩主が必要だった。竹俣と行動を共にした莅戸善政もまた、こうした状況に自身直面し、つぶさに見ていたのである。

高まる反発

前章でふれたように、竹俣の談判により重定が隠居を受け入れ、いよいよ鷹山が家督相続すると、莅戸善政は木村丈八とともに小姓に任命され、鷹山の側近として竹俣が主導する改革に臨むことになった。改革の開始を告げたのは、明和四年九月に鷹山が江戸から発した大倹令だ。藩主として自らも一汁一菜・綿衣着用とすることを告げた、多岐にわたる倹約政策である。

莅戸はこの時、「御国民《おこくみん》のためとは申しながら、貴き君上の御身をつめさせられ候事、痛み入り奉りたる事に候」(「遺書」、杉原謙『莅戸太華翁』)と藩主鷹山を見ていた。「御国民」(藩領の士民)のため、率先して切り詰めた生活を実践する鷹山の姿に、深く感じるところがあったのである。「御国民」のためという基準とその実現に向けた率先性とが、藩主として人々を強く惹きつけるものであることを、莅戸は体感していたかもしれない。

だが、改革は必ずしも円滑には進まなかった。この大倹令には、門閥譜代の重臣層が強く反発したのだ。重臣たちは、わずか一七歳の鷹山が倹約大意のすぐれた文章を書いたというのは不自然だとして、江戸で鷹山に近侍している莅戸善政・木村丈八の罷免を要求したのである。大倹令はこの二人の入れ知恵によるものであるとの流言も流れた。こうした重臣たちの反発について、小川源左衛門は藁科松伯宛書簡で「君上御年頃よりは抜群なる金言……、米沢癖病の四老五将、不学凡才をもって二十の学才を阻み……」(『莅戸太華翁』)と擁護したが、莅戸は木村とともに退役を願い出た。「恨みなよ後の光りを待よかし、今のくもりは兎にも角にも」(同)。明和五年、「保養」の名目で両名を米沢に帰すしかなかった鷹山は、自らの心情をこう詠んだ。

七家騒動

不安定な政情の中で米沢に戻った莅戸善政であったが、鷹山が初めての国入りを果たした明和六年には町奉行に任じられて、飢饉対策としての備米蔵の設置を立案するなど、精力的な仕事ぶりを見せていた。だが、重臣層の反発は年ごとにいっそう高まり、安永二年(一七七三)六月二七日、ついに「七家騒動」に発展する。門閥譜代の七重臣が、藩医藁科立沢《わらしなりゅうたく》が起草した弾劾書を携えて、改革政策の撤回と竹俣当綱・莅戸善政らの罷免などを直接鷹山に迫ったのである。

前年に近習頭に任じられていた莅戸自身、この騒動の過程で極めて緊迫した状況に立たされた。重臣たちに糾弾されたことにより莅戸は、「死するの義か不死の義に当たるか……定めがたく」、「存亡今日に迫り、後日を期しがたき身上」に陥ったと思った。息子の八郎（政以、第四章参照）に宛てて遺書を記すほどの緊迫感に包まれたのだ。莅戸はその「遺書」で八郎にこう訴える。「私は師友と切磋して自己形成し、宝暦年間の政治に対する怒りと嘆きは小さくなかったから、これまで上杉の御家に忠を尽くすことのみ心がけてきた。だから、私がしたことで御国の害になるようなことが露ほどもないことは、天道の照覧するところ、少しの疑いもないのだ」と。七重臣らにより出勤を差し止められ、強訴後も訴えの真偽が判明するまで自宅待機を命じられた。どのような政治的判断が下るか見通せないなか、莅戸は自身のそれまでの取り組みを深刻に顧み、それが決して間違っていなかったことを息子の八郎に伝えようとしたのである。

この騒動は同年七月一日、七家の処罰によって終息に向かったが、門閥譜代層との深刻な対立を身をもって経験したことは、結果として藩主や家臣のあり方を深く洞察する契機となったのだった。

鷹山への叱責

安永初年以降、本格的な農村政策・殖産政策が展開するなか、莅戸善政は、細井平洲の米沢招聘や藩校興譲館設置を中心となって進めるなど、藩政の諸々の実務にあたった。その一方で、小姓頭として藩主鷹山の立ち居振る舞いについても心を配り、時に厳しく意見することも厭わなかった。

七家騒動後の鷹山には、それまでの緊張が和らいだのか、政治に専心する姿勢が十分見えなかった。「いつも申し上げ古し候通り、御政事に御心はまり在らせられず候義、国家の大患、何《いず》れかこの上に出で申すべく候。悲歎にたえず、拙き筆を立て、請いて言上奉り候」。安永三年三月一三日、鷹山の行状を見かねた莅戸は、「上治憲公書案」(米沢市上杉博物館上杉家文書)と題して鷹山に言上書を差し出し、何点にもわたって行状を改めるよう求めたのである。

莅戸はいう。近習等との会話は「鳥と馬との御評判」や無駄話ばかりで「御心はまり」が見られない。また、諮問などによって諸役人の士気を鼓舞すべきだが、それも十分行っていない。細井平洲の「講談」(講義)を聞いても「今日の御政事に御引き合わせの御論」もない。さらに、鷹山の身なりは「江戸風」の「色男」の風体に見える。これでは「心ある諸士」の視線が気がかりである……。

実際の鷹山の行状がこのようなものであったのかは定かでない。しかし莅戸は、二〇歳過ぎの青年に、藩主としての自覚と主体的取り組みを厳しく求めたのである。側近として莅戸が見せた厳しさは、それまでの内外の情勢が、「明君」と言われるほどの藩主の登場を強く求めさせたからだった。

ふたたびの叱責

同じく安永三年七月三日、莅戸は鷹山への上書を再度したためた（「再上治憲公書案」）。そこには、米沢藩主として心得ておくべき事柄が、強い口調で記されている。「先代から譲られたことだとはいえ、家督以来毎年「半知借上」が続いているではありませんか。（莫大な費用がかかった）江戸城西の丸の手伝い普請も領民の油を搾って成就したのではありませんか。……何をもって彼らに報いるというのでしょう。……藩財政の運営はどうお考えなのでしょうか。……家中は年来の俸禄借上げで疲弊し、藩内外の金主は上杉家のために苦しんでいるのです」。家臣と領民の犠牲（半知借上や御用金徴収）、さらには資金の融通元の商人らの困惑（借財返済の遅滞）の上に、何とか米沢藩の運営が成り立っているということをはっきりと自覚しなければならない。莅戸は、ともすれば意識せずに済んでしまうこれらの事実に、藩主として常に向き合わなければならないことを鷹山に強く説いたのである。

さらに莅戸は「七家騒動のことはどうお考えでしょうか」と続け、「重臣たちを処罰した上で行う政治に邪《よこしま》なことがあれば、何の面目があって国人〔藩士〕の前に立つことができましょうか」と叱咤する。莅戸は、藩政の来歴とその上に成り立っている諸集団・階層との関係を重んじて、藩主としての責務を考えるよう、鷹山に求めていたのである。

したがって、藩主として大切なことは、諸集団・階層の人々からどのように見られるかを常に意識して行動することである。莅戸は、現在の政権を成り立たせている森平右衛門謀殺、七重臣の処罰という政治行動の重みを深く自覚し、それゆえにこそ、慢心しおごった振る舞いをとることを厳しく戒める。

「御国民」の視線

君主の好き嫌いは多くの人の目に止まり、影響を及ぼすものですから、いくら「孝弟仁譲」を勧めるお触れを出しても、お上が老いた者をいたわらず目上の者を敬わず、思いやりや謙譲の心を持たなければ、どうして下々の者がそれを行いましょうか。

御国民が君主を仰ぎ尊ぶのは、民のために綿衣・一汁一菜を用い、無用な物好きをせず、贅沢を制するがゆえではありませんか。（「再上治憲公書案」）

藩主の行いは衆人環視の下にあること、同時に、それゆえに人々の行動に大きな影響を与えうること、これらを十分に自覚しなければならない。莅戸は、厳しい政治情勢と家臣団・領民との葛藤のなかで、鷹山の側近として、君主はどうあるべきかを問い続け、藩主の誠実な言動と、そのいわば「見える化」が必要だと強く確信するに至った。このような莅戸の経験と誠実な反省が、後に莅戸を『翹楚篇』執筆に向かわせることになるのである。

3　莅戸善政の思想と『翹楚篇』の鷹山像

近世前期の「明君」と莅戸善政

鷹山を厳しく叱責することもあった莅戸の脳裏には、厳しい現実とともに、先行する明君藩主の姿があった。莅戸家に伝えられた「莅戸太華翁文書」（三康図書館）の中には、近世前期の明君藩主の言行を描いた明君録が収められている。

安永七年（一七七八）九月二二日のこと、莅戸は『正之言行録』という書物を入手し、筆写して写本を作った。米沢藩記録所の藩士たちも注目した、会津藩主保科正之を描いた明君録である。莅戸は筆写本の末尾に、「この一冊子は、会津正之公の言行を記したるもの。もとこれ他山の石ながら、用いばまた、わが玉をおさむべし」と記した。背景が異なる他藩の君主の言行でも、用いれば修養の助けとなる。自身の修養というばかりではあるまい。莅戸は近習頭として、むしろ藩主や世子の修養に資するものとして『正之言行録』を読んでいたのだろう。

次いで翌安永八年三月二三日、鷹山に供奉して江戸にあった莅戸は、今度は『大君言行録』を入手し、自らの序文を付けて写本を作成した。「是のみや、人にかたらん、さくら花、手ことにおりて、いへつとにせん、とは浅からぬまことなるべし。この紀州南龍院頼宣卿《なんりゅういんよりのぶ》の言行録も友とちへのつとならめと、武蔵さくら田の御舘にて写しおき侍る」。莅戸が『大君言行録』を筆写したのは、友人へのみやげになるだろうと考えてのことだったという。ここでの「友とち」が誰を指すかは定かではない。ただ、後の寛政八年(一七九六)頃、莅戸は竹俣厚綱《あつつな》に求められてこの『大君言行録』を批評したことがある。厚綱は竹俣当綱の嫡子であり、寛政年間には奉行(家老)として寛政改革にも関わった人物だ。父当綱も徳川頼宣や池田光政に関心を抱いていた。近世前期の「明君」に対する関心は、米沢藩の改革を推進した領主層に共有されていたのである。

大名家子息の修養に

さらに莅戸による写本には、「この二ヶ条は予がこの本に漏れて、竹俣厚綱が近州へ献ぜし本にあれば、写し書き載せおくなり」との書き込みもある。『大君言行録』は竹俣厚綱を通じて、「近州」すなわち前藩主重定の五男で庶子の上杉近江定興《おうみさだおき》(明和八年〈一七七一〉生。享和元年〈一八〇一〉内藤越前守信義《のぶよし》養子となり、同二年家督、同三年没)にも献じられていたのである。莅戸は、上杉定興が寛政一〇年に学問修行のため江戸に出府する際に、「難義苦労」することで「徳を益し」、「下情を知」り、「志を立る」ことができるとして学問に臨む際の心得七カ条を記し贈るなど(『好古堂随筆(江州公子江戸御勤学御登の餞別)』莅戸太華翁文書七九)、大名家子息としての定興の人格形成に意を用いていた。『大君言行録』のような明君録は、藩主やその子弟などの修養・人格形成に資するものとして読まれ、実際に活用されてもいたのである。

様々な「明君」の逸話

莅戸はこの他にも、様々な人物の言行や逸話を書き集め、『寡婦利《かふのり》』(年代未詳)と題した冊子に収めた。その写本は今日まで複数伝存しているが、末尾に「この篇は若殿へ奉りし一書なりと云」と記されたものもある(『好古堂随筆』筑波大学中央図書館)。『寡婦利』もまた、大名・世子らを念頭に著されたとみられるのである。

『寡婦利』は、江戸に出て商家に奉公する「いやしき民」から武士・学者などを含めて四四の逸話を収録するが、その半数以上が将軍や大名の逸話である。そしてそこには、さきにふれた「紀州頼宣卿」＝徳川頼宣、「会津中将正之」＝保科正之（各一話）のほか、「黒田如水《くろだじょすい》」（一話）、「備前之少将新太郎」＝池田光政（七話）、「有徳院様《ゆうとくいん》」＝徳川吉宗（五話）、「細川越中守重賢」（三話）などの「明君」「賢君」の逸話が多く含まれている。「明君」としての家臣の扱いの公正さ（徳川吉宗）、諫言を容れる姿勢（池田光政）、下情に通じることから、身のまわりの倹約（細川重賢）や親への孝行（吉宗）などがその話題である。

こうした明君像自体は必ずしも目新しいものとは言えないかもしれないが、明君録の写本作成、抜粋した「明君」逸話の書物化と献上などを通じて、莅戸は近世前期以来の「明君」の言行を丹念に学んでいたのである。莅戸は、「池田光政の政治を見ると、自分こそが「法」であるというような君主に見えるけれども、〔一七世紀という〕時代を考えれば当時の君主というのはこういうものだったのだろう」（『寡婦利』）と述べて、その時代性に留意して読むべきことも意識していた。莅戸が鷹山の明君録を執筆するにあたって、これら先行する「明君」の姿は大きな意味を持っていたように思われるのである。

〝前半の改革〟の終焉

莅戸が『大君言行録』を筆写してから三年が経過した天明二年(一七八二)一〇月、改革の中心となってきた竹俣当綱が専権の行きすぎを咎められて失脚、押し込め隠居に処せられる。翌三年正月二四日には、志を共にしてきた木村丈八が死去。それまでの藩政の中心メンバーが政権を去るなか、その年の凶作対策に活躍した莅戸善政も、病気を理由として隠居することを決断する。

竹俣当綱とは、森平右衛門謀殺以来、共に「国家」に尽くすことを誓い合い、七家騒動を乗り切って改革を進めた不即不離の関係にあります。竹俣が処罰された今、自分だけが職禄を貪り恩寵を被るのでは、どうして竹俣に顔を合わせられましょうか。そのような不義無節操の臣をお用いになってはならないのです。(杉原謙『莅戸太華翁』)

隠居願いに驚く鷹山に、莅戸はこう心情を説いたという。同年一一月二三日に奉行毛利雅元《もうりまさもと》宅で隠居を許された際には、鷹山から篤くねぎらいの言葉をかけられ、在職中の誠意と補佐により小脇差と鷹山の手になる「誠者物之終始」(誠は物の終始なり。『中庸』の言葉)の書を下賜された。翌天明四年には鷹山も隠退を決意し、同五年に隠居、いわゆる前半の改革は終わりを告げたのである(経緯と背景については、小関悠一郎『上杉鷹山と米沢』参照)。

藩主・世子教育

しかし、隠居後も莅戸に対する鷹山の信頼は厚く、藩主を継いだ治広もまた、重要な事案については必ず莅戸に諮問したといわれる。そうしたこともあって、隠居後の莅戸はたびたび政務に関する意見を言上するとともに、しばしば経世済民に関わる書物を執筆して、それを藩主治広の左右に献じた。

天明八年五月に献じた『焉廋篇《えんそうへん》』五巻は、経典から人物を見る眼を養うことに資する言葉を抜粋して自身の説明をつけたものである。安永六年に世子だった治広と交わした約束を果たす形で献じられたこの本は、鷹山や細井平洲らも称賛して序跋を寄せ、真綿五把・酒一樽・美濃紙二千枚が下されて、治広夫人の実家尾張徳川家にも写本が進呈されることになった。

寛政元年(一七八九)四月には、「聖君賢臣ノ遺言」を引いて政治の要を説いた『政語《せいご》』を著し、今度は顕孝に献上している。「安民」を深く思って政務にあたることこそ、藩主の心(「国民の安からんことを深く心に懸けて世話するが国君の心」『政語』「君臣」章)、その政務の中でも最も大切なのが「孝弟の世話」と「農桑の世話」である(「国を治むる人君人臣は、民を安楽に過ごさしむると云うことを目当てにして、孝弟の世話と農桑の世話とを第一にすることなり」同「安民」章)。領民のくらしを安定させ、安心して生を送れるようにすることを深く心に思い、四民の道徳教化と主要産業たる農業の基盤整備に力を入れるのだ。莅戸は、「安民」の実現を責務とする君主としての自覚と責任感を持ち、相応の振る舞いをすることを治広や顕孝にも強く求めたのである。

「伝国の辞」

少し時期を遡って、天明五年二月七日に跡を継いで藩主の座に就いた治広に、鷹山が与えた訓戒も、君主としての心構えを説いたものである。鷹山を取り上げる際、必ずといっていいほどよく言及される、有名な「伝国《でんこく》の辞《じ》」(口絵)だ。この「伝国の辞」も、これまでみてきた莅戸の発言を踏まえると、その持つ意味がよく見えてくる。「伝国の辞」三箇条を原文で掲げておこう。

一、国家は先祖より子孫へ伝(へ)候国家にして、我私すべき物には無之《これなく》候

一、人民は国家に属したる人民にして、我私すべき物には無之候

一、国家人民の為に立たる君にして、君の為に立たる国家人民には無之候

ここで「国家」というのは上杉家を指しているだろう。当時の大名にとって、「国家」(いわ

ゆる「御家」)を瑕疵無く子孫に継承することは何より重要な事柄である。君主個人は「御家」の存続のためにこそ存在しているのだ。多くの大名はこのように意識していたに違いない。ところが、鷹山は、「御家」(「国家」)のためというにとどまらず、「人民」のためにも君主が存在するのだとあえて書き込んでいるのだ。「人民」のために君主はあるという文言をはっきりと表明したところに、君主における「安民」の責務を強調した莅戸善政との共通項があり、当時の大名としては非常に高い、鷹山の「安民」への意識が表れているのである。

『翹楚篇』の成立事情

さて、莅戸善政が『政語』を献じた上杉顕孝は、側室お豊《とよ》の方との間に生まれた鷹山の実子である。天明五年の鷹山隠居にあたって、前藩主重定の子治広が藩主に就き、鷹山の実子である顕孝が治広の養子となって世子の立場にあった。

上杉謙信以下代々の上杉家当主の言行を意識し、謙信の事績一三条を記録していた莅戸は、天明七年、この顕孝に対して、父鷹山の徳に薫陶をうけ、継承してほしいと鷹山の言行録の執筆を決意した。

翌々寛政元年一一月に書き終えた時、顕孝は江戸に移っていたが、莅戸は言行録を『翹楚篇』と名づけて顕孝に献じた。「翹楚」は衆にぬきんでてすぐれていることを意味する語である。善政がかつて「遺書」を認《したた》めた子の政以（八郎）が寛政元年に顕孝の用人、翌年には傅役《もりやく》となり、鷹山の信頼厚い莅戸父子が顕孝に対する藩主教育を担う形となった。けれども、顕孝は寛政六年、一八歳の若さで夭逝することになり、藩主の座に就くことはなかった（重定の孫の斉《なり》定《さだ》が治広の世子となる）。鷹山の悲しみは大きかったといわれる。

ここにその役割を終えたかに見えた『翹楚篇』はしかし、後に多くの読者を得て鷹山明君像の確立に大きな役割を果たしたことはすでにふれた通りである。こうして成立した『翹楚篇』に、上杉鷹山はどのように描かれたのだろうか。

『翹楚篇』の内容

『翹楚篇』は、五六の逸話によって構成された鷹山の言行録である。各逸話のテーマは大きく分けて、①養父（上杉重定）・実父（秋月種美）に対する孝行や敬老の心・行為（一七箇条）、②藩政の事績、民を思う心（一八箇条）、③家臣を大切に扱う行動や任用の巧みさ（一四箇条）、④その他、となろうか（箇条数については重複して数えたものもある。表2）。『翹楚篇』が成立した時、鷹山はようやく四〇歳になろうかという年齢である。それぞれの逸話は、多くの関係者がリアル

表2 『翹楚篇』内容一覧

条	内　容
1	治憲の経歴
2	責馬の際，小便をしていた者に対し，治憲「責馬を見て居し故に小便する者を見る暇もなかりしそ」と言う．
3	精進料理の芋に魚の鱗がついていたが，治憲は「芋を覆して鱗を隠し給ひし」．
4	侍臣が，潔斎の日に悪火を進めたが，治憲は「あひ〔へ〕て不敬を責給はす」．
5	家督後も世子の仕切料209両余で「御手元の御服食は足せ給ひし也」．
6	財政窮乏で「百姓の難儀，御家の危急にも至らせ給ふへきを，此事明に知しめせしより……御膳は一汁一菜を供さしめ，御服は木綿召させられ，是を目当の倹約をと仰出されし也」．
7	学問を好み，細井平洲・滝鶴台・渋井太室・南宮大湫に師事する．
8	大学講釈の際，眠気を催し，「聖言を聞の礼を失せり，此罪何を以てか補侍らん」と述べる．
9	「百姓大旱を苦しみ，諸山の寺院雩祭其法を尽すといへ共，いまたしるしあらす」として奥向の普請をとりやめる．
10	治憲は入部の年から「民の辛苦を知し召す為……野間へ出て耕作の辛苦を見」ていたが，ある時，稲の取仕廻を手伝ってやった老婆が，礼として城まで福田餅を持参し，献上した．
11	「老人を寵せられしは齢を尊ひ給ふの浅からす，ふりにし事なと尋問玉はん為なるへし」．
12	老齢の家臣関口東嶺に綿2把を贈る．
13	90歳以上の老人を，諸士は城へ，百姓町人は代官所へ召し出し，時服・金子・料理などを賜る．「此席に侍りて親しく見し人はいふにや及へき，聞せる人々も老をは安んすへけれ，父母には能事ふへけれと既往を悔み未来を勤る心発らぬはあらす」．
14	父重定が好む能を「みつから稽古し給ひ，尚其上を重定公に見せ参らせ」る．
15	父重定の慰みにと江戸より能役者金剛三郎を招く．
16	重定の隠居所の中に「離舞台を建進られし」．
17	倹約中につき，重定が庭園の手入れを遠慮していたのを，「御心の侭につかせ給ひし」．
18	治憲が江戸在府の最中は，隠居の重定が徒然であろうと，手当金をひそかに家臣に渡す．
19	黒金小兵衛の教えを忝なく思うとの言葉に，莅戸が早速謝すように進言したところ，ただちに実行する．
20	在位中，孝子賞誉の件数が激増する．「公の孝子にてましませは，その事に御世話の厚きより其人も亦斯は多かりしにや」．

21	常々の慎みの様子．死刑執行日・軽い裁許の日には食事を減らし，天明４年は前年凶作で「御国の人民も既危かりしほと成しかは」江戸参勤を延引する．脚痛と称したため，わずかの距離も駕籠で移動する．
22	「妾を遣せ給へ」との進言もついにとらず．
23	どのような味をお好みかとの問いに「膳部人の拵へて出せるはいつも塩梅能覚え侍ると宣はせし」．
24	松平土佐守を饗応した際，「餅菓子御用意落」になり，急ぎ取り寄せた餅菓子を「ひたすら誉給ひし程に……御叱にも及はて済し」．
25	精進料理のはずがそうではなかったが，直ちに作り直した料理を「今の間に仕立したるは玄人ならねは叶はぬ事なり」と誉めたため，不調法の沙汰がやむ．
26	柔和な煙草を好むも，煙草掛の者が強い煙草を出すが，少しでもよいものをとの掛の者の心遣いに気遣って，こらえて服する．
27	規式の際，「功の者人切れといはふて香物一と切れ」をつけるところ，御膳番らが忘れたが，「治れる御代のためしはひときれのかふのものさへ忘られにけり」との歌を賜り，「目出度規式とはなりぬ」．
28	「常々の御物語に，献上物は軽きに却てしほらしき誠あり……」と述べる．
29	家中の気詰まりを思いやって萩見の宴をさせる．「下々の花見には折節御障子を細めて楽しみ給ふ，御粧又筆の及へきにあらす」．
30	重定や「宮つかひし奉るもの」らを集め，花の宴を催す．「曲水の風流なと皆筆には及難くなん」．
31	板塀の作事を思い立つも，「百金の費を中人十家の産とて止給ひたる文帝の昔はいかゝ思ふ．況や年来家中の半知取上置しけふ」とてとりやめる．
32	「人の病を痛ましみ思召，御手当の下る事は挙てかそへかたし……」．
33	「孝子成御心に押はかられて不便也」として，江戸詰の者が国元の病気の父母を看病するために暇をとるのを許す．
34	「後は人々心の侭に父母妻子の病には其趣を達し，勤を引て看病致へく候……」と仰せ出す．
35	江戸で「不具」の体を見せ物にしていた者があるのを聞き，「賃銀をあたへて国に帰せとの事にて，御国に帰りて其家業にはつきぬ」．
36	江戸参府の道中，米沢の出の者が病気で運ばれているのを知り，看病をさせて，国に帰らせる．
37	祖母(黒田甲斐守長貞の御室瑞耀院)を懸命に看病し，上杉・黒田両家の間を親密にする．
38	重定病の報に，涙しながら孝行をおろそかにしたことを悔やみ，直ちに看病のため帰国しようとする．
39	実父秋月種美の病を聞き「御心を痛め」，直ちに江戸に赴けないことに「御胸中を苦しめ」，別のことに気を取られた時には自らの不孝を責める．

40	江戸に着き，供の者が揃わぬうちに急ぎ看病に出発する．この急ぎの中，駕籠の者が転んだのに対して「怪我せぬや」と問う．それからは「夜日御看病進られし」．
41	実父が死去し，「其御痛み悔ませ給ふ事中々筆の書写すへきにあらす」，父重定の「御慈愛」でようやく常の飲食をする．
42	重定が病に倒れ，「二百五六十日の間，少しき間断なく勤め行ひ給へるの御誠，中々人間中の御所作にあらす」．
43	家臣に臨むに「其程にしたかひて礼あらせ給ふ」．「御側近くみや仕へし奉る御近習衆召仕はるゝに御心を尽し給へる事……挙ては記かたし」．
44	天明4年，「作毛覚束なく人民危急の思ひをなし」，断食を行う．父重定が自ら粥を持参してはじめて食をとる．
45	天明3年の飢饉に，備米蔵を開き，買米を行って手当をし，「餓死に及へるはなかりし」．「御寝食を安んし給はす，唯人民の事のみ御憂おほし召，御心を尽させ給ひし」．
46	安永7年，宝暦五年飢饉で餓死して無縁となっている者のために，施餓鬼供養を行う．
47	安永6年の大雨・洪水に，自ら出馬して水中に乗り入れ水防の指揮を執る．
48	「政に御心を尽し給へる事は万機の多き中々筆の能及へきにあらす」．年寄衆の「相談紙面」に常に目を通し，諸役所の小事，下情に精通する．
49	学館を「再興」し，細井平洲を招聘する．学問の奨励．
50	自ら諸武芸に達し，諸士の稽古様子などにも精通し，安永4年には武芸稽古所を建てる．
51	運送に不便な米沢では「米価賤ておのつから惰農風俗」をなすことを憂い，自ら鋤をとって「藉田の礼」を行う．
52	「御国は米の価の賤敷より民心おのつから穀を貴ひ〔は〕す，米を蓄て荒歳に備ふる心なき」を思って，備荒貯蓄を命じる．
53	「出生を害しける」習わしを改めようと，「生養は天地の徳にて……」の「御教喩を施し行れし」．
54	諸士による新田開発，荒地起返しなどの手伝いを「忝くおはせは，時々其所に臨せ給ひ謝せられ，労せられ，御酒賜りしありさまは，蓑を脱て鎧を著，笠をすてゝ冑をかふらはと誠に頼母しくおほえし」．
55	往来の者の通判を城下ではなく，各番所で出せるようにし，旅人の便宜を図る．
56	「天視自我民視，天聴自我民聴聞，御国民ありかたく戴き奉りしより，はるけき大樹公の御聴に達し，天明七年九月十五日……登城」し，上意を得，紋付・羽織を拝領する．

タイムで経験してきた直近の過去を述べたものが多いだけに、莅戸による全くの創作とは考えにくく、元となった事実を確認できる項目も多い。しかし、鷹山の日常の一コマを描いた逸話の事実性を一つ一つ厳密に確認することは極めて困難であるから、ここではあくまで莅戸が描き出した鷹山の言行として紹介することにしよう。

鷹山の寛容と機転

『翹楚篇』は、鷹山が日向国高鍋藩秋月家の出身で上杉家に養子に入ったことの紹介から始まる。以下、隠居するまでの鷹山の言行が描き出されていく。

鷹山が世子として江戸にいた頃、馬を乗りならすために行う責め馬を観覧したことがあった。その折、初めて江戸に出て不案内だった手明組《てあきぐみ》(下級家臣を編成した藩の組の一つ)の者が、責め馬が終わるのを待ち切れず、あろうことか垣の陰で小便をしてしまったのである。著しく不適切な行動に対する厳しい叱責を予期してであろう、近臣がそれを自分に報告しようとしていると耳にした鷹山は、「責馬を見て居りし故に、小便する者を見る暇もなかりしぞ」と述べて、その場を穏便に収めたという。鷹山は、初めての江戸出府という酌むべき事情の下、やむにやまれぬ逸脱行動を咎めない、そのように家臣に寛容な姿勢で臨む君主だった、そう莅戸は言いたいのである。

また、ある時、鷹山の前に運ばれた精進料理の芋に魚の鱗がついていたことがある。それを見た鷹山は、即座に「芋を覆して鱗を隠し給ひし」。家臣の小さなミスを咎めないばかりか、その場にいた者も矛を収めざるを得ない機転である。

大倹令

すでに見た通り、鷹山は家督を相続すると、直後に大規模な倹約令を発布した。その時、鷹山は、「御家督の始めながら、御膳は一汁一菜を供さしめ、御服は木綿〔を〕召させられ、是を目当ての倹約をと仰せ出されしなり」(傍点筆者)。四民の「目当て」(手本)となるべく、自らを厳しく律して、率先的な行動を実践できる。「遺書」を書くほど緊迫していた七家騒動の頃から、莅戸が見ていた鷹山の姿であり、鷹山に求め続けた藩主としてのあり方だった。

このような君主の倹約とそれによる人心感化について莅戸は、徳川吉宗や細川重賢の逸話を書き留めていた(『寡婦利』)。ここに先行する明君像の影響がみられる。一方で、武士層にあって質素や倹約などの規範は、有事のための武備という観点から言及されることも多いように思われるが、鷹山の倹約は民衆の生活維持のための教化に資するという意味合いを色濃く持ってもいたのである。

敬老の心

鷹山は在位中、九〇歳以上の老人を、諸士は城へ、百姓町人は代官所へ召し出し、時服・金子・料理などを贈った。「この席に侍りて親しく見し人はいうにや及ぶべき、聞せる人々も老いをば安んずべけれ、父母には能く事ふべけれど、既往を悔やみ未来を勤むる心発《おこ》らぬはあらず」。九〇歳以上の老人に金品を贈呈するという鷹山の施策は、諸士・百姓・町人を大いに感化するところとなり、人々は敬老・孝行の心をおこしたという。君主は、諸士・百姓らに敬老や孝行の徳目を浸透させるように努めなければならないのである。

天明飢饉

『翹楚篇』には、藩政上の事績についての記述も少なくない。自ら断食しての祈禱や備米蔵の設置など、凶作・飢饉関連の記事は特に多く、六カ条にわたる。

米沢城本丸の一角に、「御堂《みどう》」と呼ばれた上杉謙信の祠堂があった。現在は御堂跡の碑がある場所で、御堂は上杉謙信の遺骸を安置した霊屋《たまや》のことである。上杉景勝が米沢に移ってから、本丸の巽《たつみ》(東南)隅に石垣を施した高台を築いて建てられたもので、上杉家では江戸時代を通して、二の丸にあった法音寺《ほうおんじ》などの能化衆《のうげしゅう》一一カ寺・御堂衆九カ寺の真言宗寺院に勤仕させるという、他に例を見ない特色ある祭祀を行っていた。御堂は、至高の聖域とされて、上杉家の象徴・精神的支柱とされ続けていたといわれる。

天明飢饉の際、鷹山が豊熟祈願の断食参籠をしたのは、この御堂でのことである。前年の凶作に引き続き、長雨が続いて作物の生育が危ぶまれた天明四年の夏、人民の安危を憂慮した鷹山は、諸寺院に五穀成就の祈禱を命じた。それでもなお憂慮を深めた鷹山は自身、二夜三日にわたって御堂に籠もり、断食して祈禱を執行して、天候の回復を祈ったのである。

鷹山はそれほど、民を思う心を強く持っていたのだ。この逸話を採録した莅戸はそう主張したいのである。至聖の秘廟とされ、上杉家の信仰の中核にあった御堂が舞台となったのは、鷹山の上杉家に対する思いをも象徴しているだろう。

こうして、天明三・四年の凶作・飢饉では、藩の備米蔵を開くとともに、他領から買米を行って、領民の糧食の手当をしたことで、「餓死に及べる〔者〕はなかりし」。鷹山の「御寝食を安んじ給はず、唯人民の事のみ御憂い思し召し、御心を尽くさせ給ひ」という思いが基となって、飢饉被害の中で相応の現実的対応が行われ、成果があがったことが描かれる。鷹山の「安民」

への思いと「徳」が、実際のすぐれた治績をもたらしたことを描き出した逸話である。

親孝行の実践

凶作・飢饉による米価高騰で江戸に起きた打ちこわしの余波が幕閣の人事にも及び、松平定信政権が誕生した天明七年、鷹山のもとに、実父である秋月種美が重病との知らせが舞い込んだ。すでに隠居の身であったから、さっそく江戸に赴いて自ら看病に当たりたいと願った鷹山はしかし、江戸出府を決断できずにいた。それというのも、「御家の為、御国民の為」の出費というならまだしも、実父とはいえ他家の者のために出費するのは、財政逼迫により半知借上の続く家中への「義」が立たないというのである。

葛藤の末、鷹山は、自分は「御国民」の先頭に立って孝道徳の実践に努める立場にあるという理由から、出府を決断する。手許金を厳しく倹約して費用を捻出することで、家臣団への義理をも欠かず、幕府には鷹山自身の病気の治療のためと称して、八月一八日に出府を実現したのであった。

この逸話を『翹楚篇』に採録した莅戸は、鷹山が家臣団と領民に対して筋の通った行動を重視する藩主だったこと、「御国民」への提示を前提とした個人道徳実践に努めていたことを描き出している。これらは、後に見るように米沢藩寛政改革の基本的な考え方によく通じるものである。

将軍からの表彰と天道委任論

さてこの江戸出府時の逸話は、鷹山の名声と以後の米沢藩における立ち位置を決定づける将軍からの表彰へと展開する。九月一五日、鷹山は江戸城への登城を命じられ、そこで将軍徳川家斉から次のような言葉をかけられたという。「病気をおしてよう登城致した。年来国政よろしく致す段、一段にある」、「ゆるゆる保養いたせ」と。その後、老中列座の場で松平康福《まつだいらやすよし》から与えられた書付には、「上杉越前守……国政格別にこれある段、上聞に達し、……家政の儀、猶又厚く心副え致し候よう仰せ出され候」と認められていた。今後も藩主治広の後見として「家政」すなわち米沢藩政の指導に当たるようにとの幕命が、鷹山に下ったのである。

莅戸は江戸城でのこの一連のやりとりを次のように意味づけている。「天の視るは我が民により視、天の聴くは我が民によりて聴く。御国民ありがたく戴き奉りしより、はるけき大樹公の御聴に達し……」。鷹山を藩主としてありがたく戴いてきた領民の心が「天」に通じたからこそ、その治世が将軍の耳に入り、表彰を受けることになったのだ。莅戸は表彰の意味をこう、

「天」の思想によって説いている。

江戸時代には、「民意」を反映する存在としての「天」が将軍に政治を委任し、さらに将軍から大名が委任を受ける(「天」—将軍—大名という委任関係)とする「天道委任論」が広く行われていた(宮澤誠一「幕藩制イデオロギーの成立と構造」)。それが近世後期になると、天皇が将軍に政権を委任するという「大政委任論」が浸透し、「大政奉還」の前提となったことは研究者にはよく知られているところである(藤田覚『松平定信』)。

莅戸は、治績に対する将軍の褒賞を強調するなかで、前者の「天道委任論」に通ずる形で、鷹山という「明君」の存在を幕藩政治の中に位置づけていることが理解されよう。『翹楚篇』は、一七世紀に形づくられた近世日本の政治思想を受け継ぎつつ、近世幕藩国家の秩序を体現するものとしても「明君」を描き出していたのである。

こうして、〝前半の改革〟が頓挫したのち、将軍からの「上意」に基づく藩主後見役として再び鷹山を戴き、〝後半の改革〟たる寛政改革が進められることになる。『翹楚篇』に描かれた鷹山像は、そうした寛政改革のあり方にふさわしいものであったといえよう。

4　『翹楚篇』と寛政改革

寛政改革前の米沢藩

「暴戻《ぼうれい》の君」も「専権の臣」もなく、「賄賂」が行われることもない今日の「御国体」は、「何一つ他へ恥ずべきこともこれ無く候」。『夏の夕』(天明八年五月)という書物に鷹山自身が記した、米沢藩についての認識である。将軍からの表彰という栄誉にもあずかった鷹山が誇らしげに語った言葉であるかに見えるが、そうではない。「ただ一つ嘆かわしきことは、勝手向の差し支えのみにて」と、藩財政の逼迫を憂慮した言葉がこれに続いているからである。

天明年間(一七八一～一七八九)当時、財政逼迫を凌ぐため、費用の不足分は家臣団からの出金と藩外の商人などからの借財によって補っていた。ところが、鷹山の見解によれば、借財九八〇〇両返済のため、家臣団に三カ年の出金を命じ、前年に一五〇〇両を返済にあてたにもかかわらず、借入額はかえって一万両を超えてしまった。困難な状況にある家臣団に出金を課したというのにその甲斐もないというのでは、誠に不本意である。ここまで財政が傾いてしまっては、年々の借金返済など全く不可能で、金主らに対して「全く信義は相立たず、恥辱の上の恥辱と申すもの」だ。

天明末年以降、鷹山は、家臣団の「難渋」と金主らへの「信義」の欠如の回復、そのための「勝手向の差し支え」の解消（財政再建）を重視して政治指導にあたっていたのである。

「風俗」の督励

鷹山はとりわけ、家臣団の現状を憂慮していた。文武奨励を主題として藩主治広に宛てた寛政初年の意見書『時雨《しぐれ》の紅葉《もみじ》』で鷹山は、「風俗を督され候事、急務と存じ候」と述べ、藩政の急務として家臣団の「風俗」督励を促した。

鷹山がいう「風俗」の督励とはどういうことなのか。鷹山はいう、「家臣団には長年半知借上を強いてきたことで生活すら困難となり、自然と人心は財利にばかり赴くようになり、あしき風俗が散見するようになってしまった。このような状態で文武に励もうとする者がどこにいるだろうか」と。鷹山は続けて、「家屋財産を実子あるいは婿入りした者に与えて一緒に生活し、家名を相続した養子には苗字のみ譲ってあとは他人同様」という家督相続や、「土産金」（持参金）の多寡を計算して養子縁組を行うといった具体的な問題を指摘する。経済的困難に直面している家臣たちが自身の金銭的利益ばかりを重視して行動する。鷹山はそうした風潮（「風俗」)を、家臣団をめぐる問題の根本と見ていたのである。

こうした風潮は、宝暦期以来の家臣団統制弛緩の延長上に捉えられる事態である(荻慎一郎「中期藩政改革と藩「国家」論の形成」)。家臣たちが家屋敷を勝手に売買して転宅することで組の一体性が失われ、組頭による配下の藩士への監察統制が困難となり、各組が単なる命令伝達機関の役割しか果たせなくなっていたのだ。鷹山は、こうした事態の原因を家臣団における「財利の志」の蔓延とそれによる「士風の崩れ」と捉え、憂慮を深めていたのである。寛政改革は、財政再建を進めながら「風俗」の改革を図るという難題に直面していた(なお、「風俗」については次章であらためて検討する)。

「民のため」の改革へ

こうして必要となった再度の改革には、それを推進するための態勢を整えることが急務だった。寛政二年(一七九〇)一〇月、鷹山は奉行中条至資《なかじょうよしすけ》に江戸出府を命じ、国政大改革の内意を治広に伝達すると、翌月には無給・隠居の差別なく広く家臣団に藩政意見書の提出を求めた。その際の触書には、「御国民の為、御家の為ならん事は少しも遠慮に及ばず、……心付きの侭を……申し出べし」との文言が盛り込まれた。鷹山らは、上杉家のためというばかりでなく、

「御国民」すなわち領内の四民全体のための改革意見を求めたのだ。民のくらしの立て直しを重視した寛政改革の幕開けにふさわしい意見募集だったと言えるだろう。

一年間の藩財政収支を記した「会計一円帳《かいけいいちえんちょう》」をも開示しての意見募集に対して、人々が提出した上書は三四〇通に上ったという。なお、こうした帳簿の公開は安永四年(一七七五)の「取箇帳」公開がその嚆矢と見られるが(第二章参照)、安永四年の公開が藩士の説得を主目的としたと考えられるのに対して、この時は藩政意見募集の前提という色合いが濃厚だった。

　これらの上書での意見を受けて、寛政三年正月、引退していた莅戸善政を呼び戻し、中老職に抜擢する人事案が浮上する。この報にふれた莅戸は、「陳情篇」という文章をまとめ、その辞退を願ったが、そこにつづられた藩政への思いと危機感は並々ならぬものがあった。莅戸は言う、「つらつら御国体を相察し候処、誠にこの時こそあっぱれ御家御危急の境、大きく申し候へば御興廃の御きざし……近来、夜日中心を苦しめ、寝食安からず。……民心半ばに過ぎて離れ候やと存じ候。……民心の背きたるとも申すべく候」と。

　莅戸は、藩政と上杉家の現状を危急存亡の事態と捉え、日夜心を苦しめていたというのだ。その背景には、民心の過半が離背しているという厳しい情勢認識もある。莅戸の再登用辞退の願いは、中老就任への地ならしという意味合いがあったのだろう。

莅戸善政の再登用と改革の再起動

こうして寛政三年正月二九日、奉行中条至資はじめ多数の意見に基づいて鷹山は、蔵出し五〇〇石という破格の待遇をもって莅戸善政を奉行格の中老職に抜擢し、あわせて郷村頭取兼御勝手掛に任命した。藩士からの信頼が厚く、すぐれた政治力・実務能力を持ち合わせた莅戸善政を、藩政全体を統括する立場につけて、〝後半の改革〟(「寛三の改革」、寛政改革)が始動する。以後、鷹山と莅戸の密接な連携の下、藩主治広を戴いて、大目付兼奥取次次席丸山平六蔚明《もちあき》、政事掛に任じられた藩校興譲館提学神保蘭室、奉行中条至資、広居《ひろい》忠起《ただおき》の跡をうけた奉

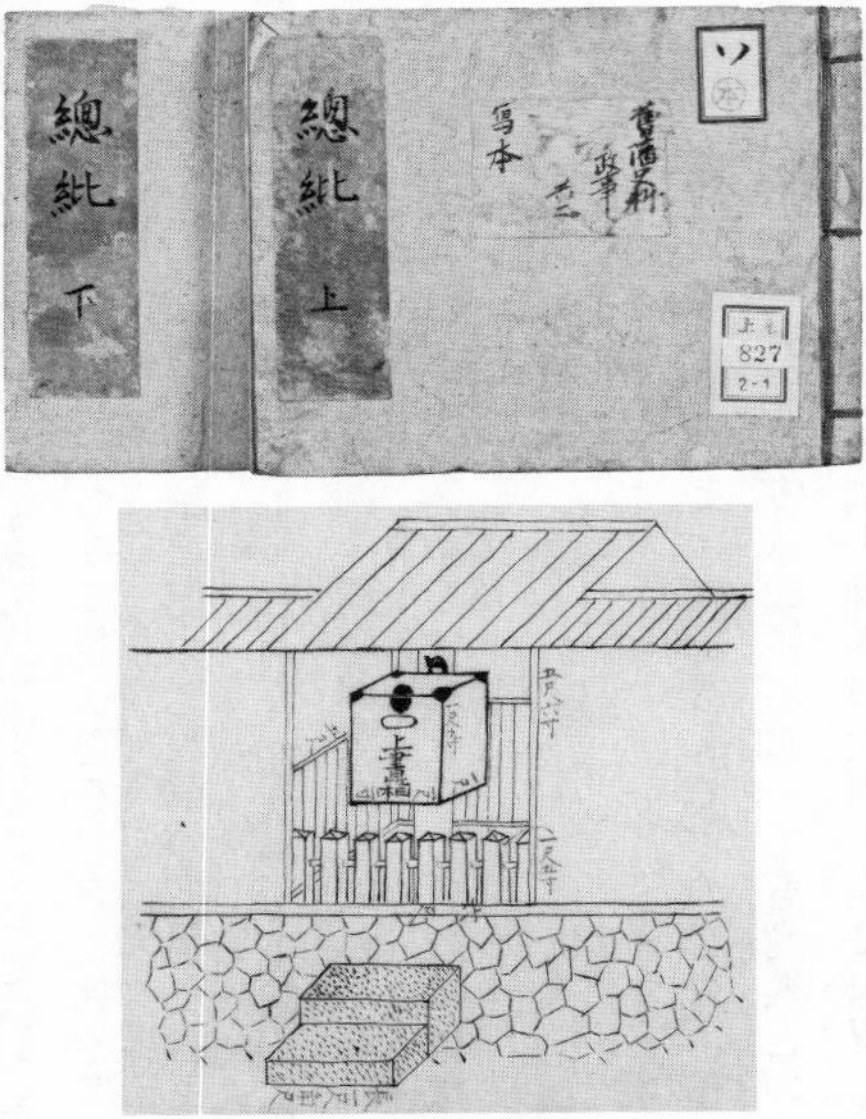

図3-2　莅戸善政『総紕』と上書箱(米沢市上杉博物館蔵)

行竹俣厚綱(当綱嫡男)らが政務の中心となっていった。

翌月、莅戸たちはただちに奉行宅で、時に中之間年寄黒井半四郎《くろいはんしろう》や勘定頭・役所役を同席させて意見書の検討や評議を重ね、改革の構想に着手した。さらに三月一五日には、大手門前政事所脇に上書箱を設置し、百姓・町人に至るまでの上書を募った。そのうえで、政治機構改革・領民救済・農村復興・殖産興業などにわたる改革の大綱ともいうべき『総紕《そうひ》』四七カ条が立案・発表され、莅戸善政を中心とする寛政改革が展開することになったのである。

金主との交渉

寛政改革の実行にあたって必要になったのは、やはり資金であり、その調達のための金主との交渉である。明和・安永改革においても商人との関係修復に細心の注意が払われたことはすでに述べたが、竹俣当綱失脚後の天明年間に志賀祐親《しがすけちか》らが政権にあった時以来、都市特権商人との関係が再び途絶していたからだ。そこで寛政三年以降、莅戸善政は、越後の渡辺三左衛門《わたなべさんざえもん》、江戸の三谷三九郎、酒田の本間四郎三郎《ほんましろうさぶろう》(光丘《みつおか》)らと粘り強く交渉を進めていった。

資金の回収と国産物の売り捌きに関する特権の維持に、違約がないであろうことを彼らに確信させたのだろう、莅戸が進めた交渉は順調に運んだ。寛政四年、鷹山は莅戸に対して次のように書き送っている。「さてさて喜ばしき事に候。来示のごとく、酒田の本間、江戸の三谷、越後の三輪・渡辺、背けたる面々もみな立ち帰り、……御家国は泰山の安きに相違なく存ぜられ……」と。莅戸の周到で計画的な改革案と誠実な姿勢、切腹の覚悟を示しての交渉によって、金主との融資関係は旧に復し、鷹山も歓喜に包まれたのである。

「御国民」のため

こうして寛政改革の全体を構想した莅戸善政は、藩全体が経済的に疲弊し、極度に衰えていると認識していた。四二年にも及ぶ半知借上によって家臣団の窮状は深刻化し、人口減少などにより農村は疲弊を極め、上杉家も藩領の四民もいずれ劣らぬ窮迫に陥っているというのだ（『樹人建議《じゅじんけんぎ》』寛政四年五月）。問題の解決に向けた経済政策の立案は不可欠だった。

もちろん、寛政改革の前提となった明和・安永改革でも、このような認識をもとに、「地利」「国産」を追求して、大規模な殖産政策が実施されたことはすでに論じたとおりだ。だが、結果的にそれは、藩が自身の利益を追求したもので「士風」のいっそうの頽廃を招いたとする批判も生み出していた（藁科立遠《りっとお》『管見談《かんけんだん》』寛政二年）。そうした反発は、郷村出役制度や、殖産政策の推進と元締めの実務にあたった国産所をはじめ、竹俣当綱が力を入れた改革政策の多くが撤廃されることにもつながっていたのである。

莅戸はこうした批判に関して、農工商の民が武士と同じく「国」(藩)を構成する「御国民」なのだということを折にふれて強調した。「御報恩日」(定められていた村の遊び日〈休日〉を返上し、手仕事をして銭を稼ぎ村で蓄える)を定めた際の百姓への告諭文(寛政一一年八月)では、「四民同じく御国民に候」という「御国民」観を端的に表明している。莅戸は、身分によって経済的利害が対立しがちな藩の政策が領内の四民全体のためのものであると強調することによって、改革への理解を得ようとしたのである。そしてこれは、小屋村《こや》(現飯豊町《いいで》)の小田切清左衛門《おだぎりせいざえもん》の由緒書に「木地挽《きじびき》も椀師《わんし》も御国の民に候えば、双方勝手に相成り候よう心を配り……」とあるように(『村史なかつがわ』)、行政の現場での自身の働きを「御国民」理念に沿って記述する村役人層の登場も促した。

「君家」よりも「農民」「民利」を

改革が「御国民」全体のためであることを標榜した莅戸はさらに、「百姓足れば君いずれとともにか足ざらん」、「農夫労して君子養わる」などの古典の文言を引きつつ、政策の優先順位を明確に示した。莅戸はいう、「君家」(上杉家)と比べれば「まず四民を補い候が先」で、しかも四民の中で「三民に先立ち申すべきは農民」、「農に次ものは士」であると。問題とされているのはあくまで救済の先後であるが、上杉家よりは四民、四民の中でも農民が優先されるべきだとはっきり表明したのだ。

実際の政策立案過程でも、上杉家や藩の利益と四民の利益との区別を意識しながら検討が進められた。寛政四年七月に莅戸が著した『樹畜建議《じゅちくけんぎ》』では、「御国産盛んに行われ、君家及び四民の助けに成り候様……」と、国産奨励による収益が上杉家ばかりでなく四民にも裨益するものだという総論が示されている。その上で、「桑……四民の利にして則ち御国益にて……」、「御国製アイコ〔当時これを原料とした織布生産が期待された〕の布……民利・御国益にも相成るべき」というように、個々の具体的な生産物について、それぞれ「四民の利」「民利」となるべきものであることが強調されたのである。この建議を実務役人たちが評議した際の上申にも、「民利・御国益」といった表現がたびたび用いられた。「民利」を政策の基準とする考え方は、改革政策の実施を担う役人たちにも浸透していたのだ。

こうして莅戸は、改革政策が藩の利益ばかりを追求するものではなく、「御国民」全体の利益を目指すものであり、中でも基幹産業を担う農民の利益を優先すべきだという考え方に基づいて改革を進めたのである。

君徳イメージの顕示

しかし、このような「民利・御国益」は、短期間のうちに成し遂げられるものではなかっただろう。「民利・御国益」の理念を実現するためには、領内の社会秩序維持に配慮しながら、「御国民」の生活自体が改革政策の進展に結びつくよう、人心に働きかける必要があった。

そこで莅戸は次のようにいう。「人心を統合して、一致結束させる術《すべ》は他でもありません。恐れ多いことながら、上様の憐れみ深い仁徳を顕然と施示することと、重臣が仁恕《じんじょ》あつく忠良であることに止まるのです」(『樹人建議』)と。「顕然と施示」という言葉に注目したい。人心を統合するためには、単に君主がすぐれた徳をそなえていればいいわけではない、そのことを積極的に顕示してゆくことが肝要だというわけだ。君徳があれば国は治まると素朴に考えるのではなく、そのアピールこそが重要だという考えを、莅戸は端的に表明したのである。

このような莅戸の考え方に関して、米国の研究者であるマーク・ラヴィナは、ホワイトハウスにしつらえられた有機菜園の持つ意味を紹介している(「近代化、近代性と名君像の再検討」)。それによると菜園は、大統領の家族の日常的活動を普通の市民が模倣するようしむけることを目的とし、普通の人々の上に立ち一歩先を行きながらも、普通の人々が模倣可能な統治者のイメージを形づくるのだという。莅戸の思想は、現代の指導者が示そうとするパブリック・イメージにも通ずる考え方だというわけだ。

いったい、君徳の施示という考え方は、当時の藩政の中でどのように具体化されていったのだろうか。

「御国民」道徳の頂点——「国益」と「風俗」

寛政四年五月、藩士の疲弊を救済すべく著した『補士建議』で莅戸は、次のように述べている。藩士の衰えを治癒するためには、倹素という「古風俗」に立ち戻らせることに尽きる。また、国産奨励(殖産)のためには「御国産」の品の使用を広めなければならない。もちろんこれまで、古風俗に立ち帰るべしという教令・法度は出されてきた。にもかかわらず、実際にはそれが守られていないのは、「上様の誠意が不十分で、御身のまわりのこと一つとっても行き届かないことがあるからではないか。だから、「古風俗」の浸透には、まず君上から「古風俗」をお守りいただきたい。……また、生活に他国の産品が必要だという意見が出るのも、国産を用いよと言うばかりで君家で実践されていないからではないだろうか」。——莅戸は、「古風俗」への回帰と「国産」普及のため、藩主治広に率先的行動を求めたのである。

そして、同年一一月には次のような触が出された。「今度、御上が御身のまわりで用いられる物を始め、全ての公儀御用の物品は、善くも悪しくも御国産の品を用いるとのご意向である。これは四民の衰えを痛まれたありがたい思し召しであるから、貴賤となく生業に力を尽くして国産が盛んになるよう心懸けよ」と。さらに寛政九年三月二日には、「今度、御国民のため蚕桑を取り立てるようにとのご意向で、御本丸・御奥においても養蚕をお試みである。これにより家中一統あげて養蚕に取り組むように」(『御代々御式目』)と触れられた。

図 3-3 「奥御殿養蚕図」(米沢市上杉博物館蔵).蚕に桑をやるお豊の方(左)と,それを見つめる鷹山が描かれている

寛政改革の「民利・御国益」政策は、「御国民」の「風俗」の模範として、藩主上杉家の率先的な取り組みの意識的アピールという莅戸の考え方に基づいて進められたのである。

農村の立て直し

次に寛政改革の焦点とされた農村政策について、具体的に検討しておこう。寛政三年五月、莅戸善政らは、同年二月に罷免された阿部五郎《あべごろう》・増子伝左衛門《ましこでんざえもん》に続いて、全世襲代官廃止を中心とする「農官仕法替《のうかんしほうがえ》」を行って、郡奉行以下の農村支配機構を一新した。翌年八月には、天明七年(一七八七)以来廃止されていた郷村出役を五人制として復活させた(のちに増員)。以後、新たな代官や郷村出役には、『北条郷農家寒造之弁《ほうじょうごうのうかかんづくりのべん》』を著した北村孫四郎(次章参照)をはじめ、誠実で実力ある者が配された。農村支配機構の改革はさらに、村役人にも及ぶ。寛政三年八月には肝煎を従来の申告制から代官任命制に変更して全員に苗字を許し、同六年三月には組頭・長百姓《おとな》も同様の扱いとした。身分特権の付与と引き替えに、村役人を通じた改革方針の徹底を図ったものだろう。

さらに寛政三年以降、年貢の取立法を改正して、年貢納入時期も農民の要望に沿って設定、年貢米の計量も藩の役人ではなく農民自身が行うことにして、少しでも多く取り立てるべく考

図 3-4　「飯豊山穴堰絵図」(米沢市上杉博物館蔵)

案された計量方法から農民を解放するなど、負担の緩和を図っていった。寛政六年には勧農金貸付制度を設け、同年六月の城下馬市開市や馬代・農馬の貸付、天明四年からの備荒貯蓄二〇ヶ年計画の継続など、貧窮農民救済と農業振興に向けた農村政策が打ち出された。また、黒井半四郎が開削した黒井《くろい》堰《ぜき》(寛政六年築造)・飯豊《いいで》山穴堰《さんあなぜき》(寛政一一年着手)によって北条郷・中郡《ちゅうぐん》地域の灌漑を進め、郷村出役の監督下に村役人が日常的な普請業務を行う体制を強化するなど、積極的な治水事業も実施された。

百姓の疲弊の根本にあると見なされた農村人口の減少に対しても、次々と政策が打ち出されている。「私がかねてから申し上げてきました「七恵」のご執行こそ、人を増やす方策でございます」（『樹人建議』）という莅戸の考えの下、幼児や身寄りのない者などの扶養に関する施策「七恵」を重要な人口増加策とし、寛政四年九月には九〇歳以上の者および一五歳以下の第五子に対する一人扶持の給付、出産した極貧者に金一両を給付することが触れられた。寛政九年八月には、孝子・順孫・貞節婦として表彰された者の名札をその門もしくは店先に掲げることを令した。また、越後などからの移住を積極的に進め（越後入百姓《えちごいりびゃくしょう》）、寛政七年二月には、越後・最上・福島以外からの入植者を許して新百姓に取り立てることを可能とした。手余り地の多い村に他所から誘致し移住させて耕作にあたらせる入百姓政策は、幕府寛政改革でも採られた政策だった。これより先、寛政四年一一月には、藩士の次男・三男による土着奨励も行われている。

莅戸善政晩年の享和元年（一八〇一）には、藩の行政組織としての五人組と、農村の自然発生的共同集団としての契約組《けいやくぐみ》（宗門組・所納組・若衆組・天神講・文殊講など）の機能とを統合した「伍什組合《ごじゅうくみあい》」の編成を指示している。年貢収納の連帯責任や相互扶助機能を強化するため、五人組三組一五軒を単位として編成されたこの組合は、村落の自生的組織を基盤として藩の支配行政組織を構築しようとした「きわめて巧妙な政策」とも言われる(『村史なかつがわ』)。次章で見るように、寛政改革以後の農村政策でも重視されることになる施策であった。

殖産奨励の逸話

殖産に関しても、寛政四年に国産所が再興され、金銭御用掛役・国産取締役が置かれて、蚕《さん》桑役局《そうやっきょく》が設けられ、桑畑開発料の貸付、桑苗木の配給(楮・柿苗木を含む)などが進められた。その際、鷹山は自らの仕切料から五〇両を下賜して殖産を奨励したといい、このことは後年、鷹山の行動が産業奨励の起点となったことを示す逸話としてクローズアップされ、明治期以降の検定・国定修身教科書などにも記載されるようになる。

明治四年(一八七一)九月、藩領内の北条郷一五カ村が上杉氏の知事留任を願ってまとめた嘆願書にも、「かつて藩主(後見)であった上杉鷹山公は、自らの衣食を省いて資金を捻出し、養蚕業の発展に尽くして、つぶれ百姓を一人も出さない政道を実現したのだ」と記されている(「乍恐奉歎願候」南陽市史編纂室)。

図 3-5　上杉鷹山書「思無邪」(米沢市上杉博物館蔵).「思い邪《よこ》しま無し」は，感情の純粋さを表す『論語』為政篇の語

『翹楚篇』が描いたもの

上杉鷹山の日頃からの言行を描き、一八世紀末以降、各地の大名家や藩校、昌平坂学問所の学者などに広汎に流布して、上杉鷹山・米沢藩政を政治論議の基準に押し上げていった明君録『翹楚篇』。士民の視線や「教化」という政策課題を意識しつつ、養老や孝行の徳目実践に努める鷹山の姿は、その「安民」への思いがいかに深いものだったのかを強く印象づける。著者の莅戸善政が、米沢藩の寛政改革を遂行するにあたって、「民利」優先の改革政策を打ち出したことは偶然とは言えまい。

「民利御国益」を標榜した米沢藩寛政改革は、まさしく民間の経済的利益の重視に基づいて行われたものだった。それは、「富国」策が陥りがちな「御益」(幕府・諸藩の経済的利益)追求の志向に歯止めをかけるとともに、「領民休養策」(吉永昭・横山昭男「国産奨励と藩政改革」)の政策理念として、改革政治に大きな意味を持ったのである(小関悠一郎「江戸時代の「富国強兵」論と「民利」の思想」も参照)。

寛政改革における「君徳」の顕示を前提とした政策も含めて、米沢藩寛政改革は、農村立て直しと民衆教化を改革の軸とした幕府・諸藩の「寛政改革」の政策理念をもっともよく体現したものだった。

それは、一八世紀後半という時代の曲がり角で生じた領主財政の逼迫、武士社会の動揺、民衆運動の高揚といった社会情勢を身をもって経験した莅戸善政が、真摯な思索と実践を重ね、いわば時代と格闘したことの帰結だったと言えるだろう。

「明君」の君徳を前提に、ふつうの農民のくらしを重視して、「民利」の確保に基づいた「富国」実現の可能性を探った米沢藩寛政改革。それは、「富国」をめぐる政策(経済政策)が誰のためのものなのかという問題を、現代の私たちにも鋭く問いかけている。

第四章　「富国安民」の「風俗」改革

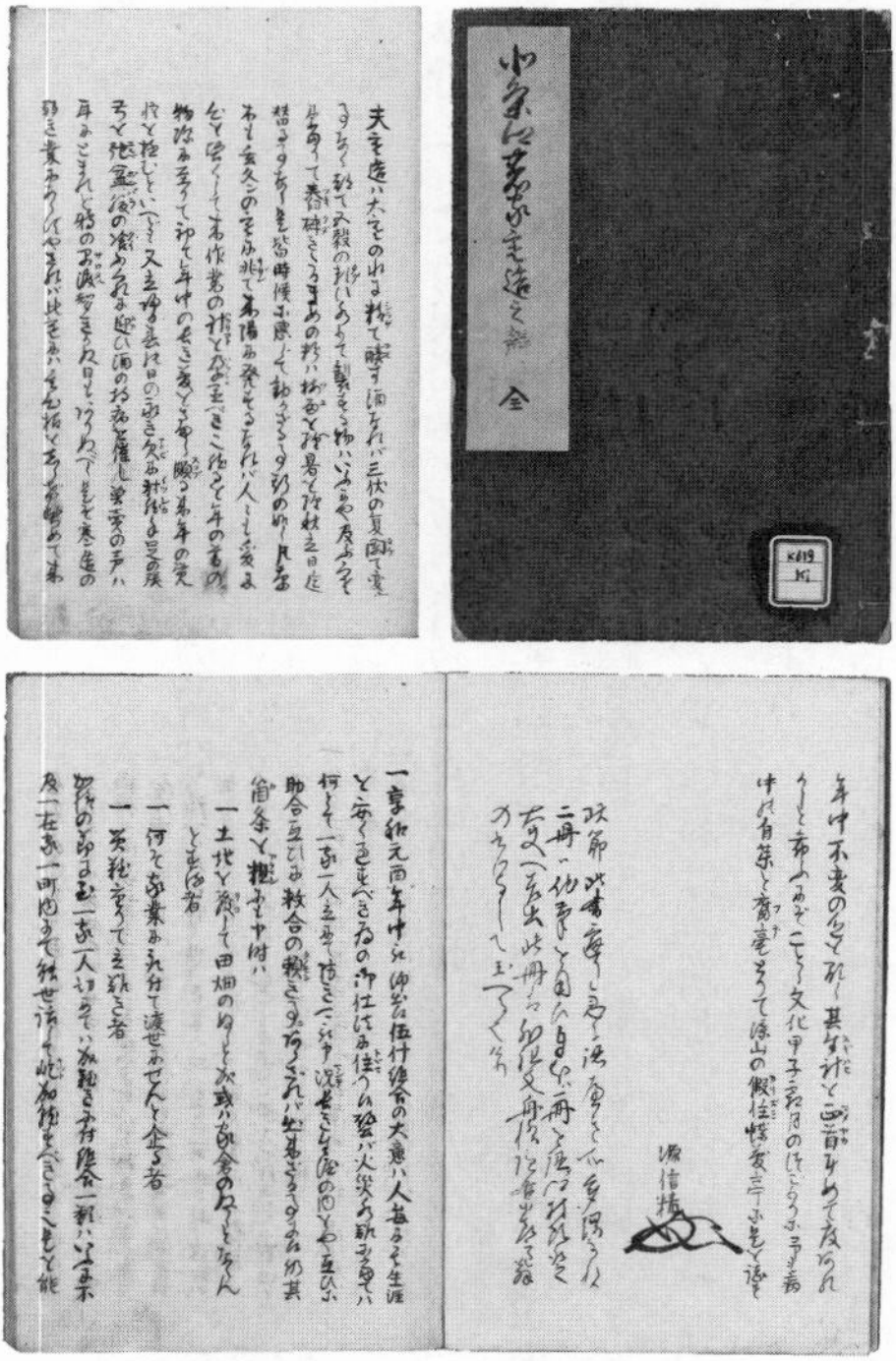

北村孫四郎『北条郷農家寒造之弁』(市立米沢図書館蔵)

1 藩財政と民のくらし

「新しい生活様式」としての「勤勉力行」

安逸に流れやすい風潮(「偸惰苟安《とうだこうあん》の風」)を一変し、民の習俗を勤勉なもの(「勤勉力行《きんべんりっこう》の俗」)に移行させることは、「治国安民」実現の基礎であり、時勢の急務である。……道楽・不稼ぎを何よりも恥ずかしいことだと思うような習俗に移行させたいものである。

文化二年(一八〇五)三月、奉行として竹俣当綱・莅戸善政亡き後の藩政を担った莅戸政以(善政の嫡子)が、『子愛篇《しあいへん》』と題した藩政意見書(後述)で述べた見解である。とかく安逸・遊惰に流れやすい農民のくらし・働き方を一変させ、「勤勉力行」を旨として、怠惰や不就労を恥ずべきことと見なす意識を浸透させなければならない。そうしたいわば「新しい生活様式」の浸透こそが、「治国安民」を実現するために根本的に重要であり、急務なのだ。

こう主張する莅戸政以は、「国を富まし、民の生活を充足させること」が国を治める基本なのだと考えている。領民みなが「勤勉力行」という新しい生活様式を獲得することで、農業をより労働集約的なものとし、米・特産物の生産量を増加させて領外販売を有利に進め、「富国」

を実現しようというのである。別な面から見れば、経済的に苦境にある領民の生活を、救済策(社会保障)によってではなく、自助努力を求めることによって実現しようというのだ。

通俗道徳の広がり

民衆への浸透・定着が不可欠だと莅戸政以が考えた「勤勉」という生活・労働態度は、倹約・謙譲・孝行などの諸徳目とともに、研究史上「通俗道徳」と呼ばれて、日本の近代化過程にも重要な意味を持ったことが知られている(安丸良夫『日本の近代化と民衆思想』)。

莅戸の主張は為政者の立場からのものだが、江戸時代、幕府・諸藩の教化政策に先んじて、通俗道徳的な生活態度の確立に取り組み始めたのは民衆である。元禄・享保期(一六八八〜一七三六)、新たな段階に進んだ商品生産・貨幣経済の波に巻き込まれて存続が困難になる家が増え始め、経済社会化の進展に見合った働き方や生活習慣の確立が必要とされるようになった。石田《いしだ》梅岩《ばいがん》(一六八五〜一七四四)が創始した石門心学《せきもんしんがく》などの教えによって、それまで漠然と善い行いとされてきた徳目を意識的に実践しようとする人々が、まず三都とその周辺に現れ、次第に各地に拡大していったのである。

こうして広がりはじめた通俗道徳は、家の存続という願いを込めた民衆の大きな努力を引き出す一方で、個々の家の経済的浮沈の原因を、領主の政策ではなく、道徳的な自己確立の成否(個々人の善行や怠惰など)に求める自己責任論的な社会意識を生み出していくことにもなる。

幕府・諸藩による「風俗教化」策

一八世紀後半になると、幕府・諸藩もこうした「風俗教化」に注目するようになった。米沢藩の改革とも深く関係する、当時の有力な学者たちの経世論に促されてのことである。早くは荻生徂徠が「風俗」を政治(「教化」)の対象として見出して以降、細井平洲や、昌平坂学問所の幕府儒官で寛政異学の禁を推進した朱子学正学派の有力な学者たちが、これを政治の役割として声高に主張するようになったのである。その一人、「寛政三博士」に数えられた古賀精里《こがせいり》は、莅戸政以はじめ米沢藩士らの入門を受け、上杉家世子定祥《さだやす》(後の斉定)の学問師範に任じられるなど(文化三年)、米沢藩への影響力も小さくなかった人物である。

彼らの主張をうけて、「風俗教化」に力を入れた改革の一つが、他ならぬ幕府の寛政改革だ。改革の一環として実施された寛政異学の禁は、思想統制策というイメージも根強いが、「正学」すなわち朱子学という単一の道徳原理のもと、学校機関を中心とする「風俗教化」を構想したものだと言われる。拡充された昌平坂学問所や藩校を核として、「孝」を第一として民衆が守るべき日常道徳の規準を序列化した『孝義録《こうぎろく》』の編纂・刊行、陸奥国塙《はなわ》代官寺西封元《てらにしたかもと》や美作国久世《くせ》代官早川正紀《はやかわまさとし》らの「名代官グループ」による民衆教化、手習い塾に着目した教化策など、町や村の民衆教化を意図した施策が前面に押し出された。「風俗教化」を改革の基本理念として、幕府の寛政改革は進められたのだ。

触書の読み聞かせがせいぜいで、民衆の教育にほとんど関心を払わなかった幕府の教育政策が、「公教育の源流」とも評されるほど、大きく転換しはじめていたのである。この流れは、昌平坂学問所に学んだ藩士らを通して諸藩にも広がっていった(以上、辻本雅史「幕府の教育政策と民衆」)。

「風俗」とはなにか

このように、一八世紀半ば以降は、「風俗」の立て直しが政治・社会の大きな課題と見なされた時代である。序章でも述べたように、ここで「風俗」というのは、現在の一般的な用法とは異なり、衣食住のくらし・働き方・家族関係・行動規範・倫理観などを包括的に表現した言葉だ。例えば米沢藩の政策で言うと、家督相続の適正化や博奕・鍋女《なべ》(遊女)・間引の禁止、質素・律儀・力田(農業出精)・親孝行・養老の奨励などが「風俗」の立て直し策に該当する。幕藩政治改革全体に視野を広げて見れば、これらの他に、民に対する武士の接遇、富者による救貧、村役の勤務の正不正など、政治・行政的慣行から社会的慣習・生活習俗に及ぶ諸問題が「風俗」の語で表現された。江戸時代の人々は、生活・行動様式の総体とそのモラルを「風俗」と呼んだのである。

そしてこれは、「歴史的に「風俗」という観念のもとに「秩序論の核心」が論じられていた」中国での用法と重なるものでもある。「不可知の未来にむけて人間がいかに社会的実践を行ってゆくべきかという関心」を伴って論じた明代の経世論では、「民事的な規範」「集合的な秩序状態」の意味合いで「風俗」の語が用いられたのだという(岸本美緒『風俗と時代観』)。

かくて江戸時代後半の日本でも、未来のため、いかなるモラル・生活スタイルを定着させていくべきか、その実現のためどう働きかけていけばよいのか、「風俗」のあり方が深刻に問われ始めていたのである。

「富国安民」を目指して行われた米沢藩の改革では、「風俗教化」はどのように構想され、改革(民政)の現場ではどのような取り組みや葛藤が見られたのだろうか。そしてそれは、以後の社会に何をもたらすことになったのだろうか。竹俣当綱・莅戸善政を中心とする二つの改革を経て、新たな段階を迎えた文化年間(一八〇四〜一八一八)の〝第三の改革〟に注目してみよう。

2 莅戸政以の藩政構想

弱者救済と年貢未納

文化年間の米沢藩はどのような状況に置かれていたのか。以下、莅戸政以とその下で活躍した役人たちに光を当て、領民の姿にも目を向けながら、鷹山熟年期の藩政の内実を検証してみよう。

十ヶ年前後、凡そ一万金に及び候不納と申すは大惣成る事にて候。往々かくの如くの事にては、何をもって治国安民の道も相立つべきや。

文化元年(一八〇四)二月、郡奉行・代官・郷村出役ら農政関係の役人——「農官」——たちが差し出してきた年貢取立方針の提言書に対して、上杉鷹山が自身の見解を述べた「御書付」の一節である。鷹山は、領民の年貢未納が累積して大きな額となっていることに驚き、このままの状況が続けば「治国安民」は到底実現できないとの危機感を表明しているのである。

農官たちの間で、年貢未納額の累積が問題視されるようになったのは、享和三年(一八〇三)冬のことだ。何度かの協議を経て、厳しい取立が必要だと考えるようになった彼らは、年貢未納が相次ぐ原因をさきの寛政改革で莅戸善政たちが推進した領民「休養」策に求めた。寛政改革では、藩が農民に貸し付けた拝借米のうち年数が経った分の返済を免除、新たに低利の貸付金を交付し、年貢納入時期の設定や年貢米の計量などの面で、農民の経済的安定を第一とした領民支配緩和策を次々と打ち出していた（第三章）。これらをはじめとする様々な救済策によって、年貢租税の未納といった事態は解消されるはずだったのだ。

ところが、民心には、かえって安心・甘えが生じて、年貢が納められなくとも何とかなるという風潮に染まってしまっている。もちろん、経済的弱者（「貧民」）の場合は年貢免除も仕方がないように思えるが、それを許してしまえば、一人から村全体へ、一村から他村へと免除要求が広がっていくことになる。年貢未納は決して許されないという姿勢で取立に臨む方が、かえって民のためにもいいのではないか……。

現代にもつながる問題

年貢の緩和策ではなく厳格化こそが、かえって農民を勤労に赴かせ、民生の安定化につながる。このような論理が農官の間で力を持ちつつあったのである（以上、莅戸政以『子愛篇』）。

こうした農官たちの見解に関連していえば、明治期以降の日本では、経済的弱者の救済は必要以上の保護を与える「濫救」であり、「惰民」を生むことにつながる、とする論理が定着したと言われる。そのため、働く国民の生活を国家が保障する取り組みが不十分で、それが現在の財政・社会保障や社会の分断をもたらしている、というわけだ（井手英策・松沢裕作『分断社会・日本』）。

近代以降、現在にまで影響を及ぼし続けている生活保障をめぐる論理を思い起こさせる米沢藩の農官たちの見解は、藩政にどう影響したのだろうか。まずは、このような議論が行われるに至った背景を押さえておこう。

特産品価格の下落と藩財政

年貢未納額の問題化は、この時期の物価動向や藩財政の逼迫と密接に関係していた。というのは、米沢藩の特産品である青苧・紅花・絹糸の価格が上方で下落し、そのことが藩財政に大きな打撃を与えることが予期されていたからだ。莅戸政以の耳に入ったところでは、商人らの間で「米沢藩の貨幣収入は、毎年三万両の減収となるのではないか」と噂される状況であった。事実、文化二年、酒田の本間家に資金援助を要請する際、莅戸は次のように書き送らなければならなかった。「青苧の価格が大幅に下落したうえ、主要な販売先である越後小千谷の商人らに半値で買い叩かれて、青苧畑を掘り、根を絶やす村々も出たと聞いています。小千谷の織物業は米沢産の撰苧《えりそ》を仕入れることで成り立っているのに、これでは道理に合わないというもので、藩財政に少しでも余裕があればこうした事態を避けられるのに、誠に無念です」（本間外衛宛莅戸九郎兵衛書状、『山形県史』資料篇一六）。

この事態をうけて莅戸らは、領内産米の移出販売によって農民の利益を確保しようと画策する。ところが、そもそもの米の生産額が予想を下回ってしまい、思ったような成果が得られなかった。「御借財数万の負債」の利払いの膨張は、藩の富を外部に吐き出させ続ける一方である。そうした中で、そもそも納入されるべき年貢の未納が累積する事態が憂慮され、問題化したのは、当然とも言えた。

二度の改革を経た時期に直面したこの難局に、米沢藩はどう対応したのか。藩政の中心人物となって改革を推進したのは、莅戸政以である。

莅戸政以という人物

一九世紀初頭の米沢藩政のキーパーソンである莅戸政以（一七六〇～一八一六）は、宝暦一〇年（一七六〇）、莅戸善政の長男として生まれた。若いころから謹厳かつ寛容な人柄が父の風を継ぐと見なされた政以は(大乗寺良一『平洲先生と米沢』)、藩政上の地位でも善政の跡を継ぐべき道を歩んだ。天明三年(一七八三)、父の隠居に伴って莅戸家の家督を相続すると、重要な藩務について奉行らと協議したり、進言したりする中之間詰を命じられ、寛政元年(一七八九)には、鷹山の実子で藩主治広の世子に定められていた顕孝の用人、翌年には傅役《もりやく》に任じられた。政以は、善政の長男として、藩政の経験を豊富に積み、次代の藩主に強い影響力を持つ立場を用意されたのである。

加えて莅戸政以は、安永八年(一七七九)頃から新建成ったばかりの藩校興譲館に入館生として学び、その後、上述の古賀精里に入門、朱子学を修めて、父を凌ぐ学問的力量を身につけたと言われる(『鶴城叢談』、『山形県史』資料篇三所収)。

鷹山は、顕孝の傅役としてのはたらきに対して脇差を賞与するなど(寛政四年)、政以に厚い信頼を寄せた。享和三年冬、政以が建議書『冬田農談《とうでんのうだん》』を提出すると、翌享和四(文化元)年二月二二日、鷹山はさきに引用した「御書付」で、「莅大夫『冬田農談』の建儀(議)もこれ有り候上は、農官一際力を尽くすべき秋《とき》と存じ候」と言及してみせて、この建議書を容れる姿勢を鮮明にしている。鷹山は、善政没後の藩政方針として、また、今後の藩政を展開していくための梃子として、政以の建議書を受け止めたのである。こうして、理路整然と藩政の問題点とその解決策を提示した『冬田農談』や、同二年三月に郷村出役に向けて書かれた『子愛篇』は、以後の米沢藩政の基本方針を示す意味を持つことになる。

莅戸政以の学風と改革人事

文化初年の藩中枢(奉行・中老・中之間年寄・大目付・小姓頭等の要職)には、享和年間前後、莅戸善政と寛政改革にあたった丸山平六・中条至資・神保蘭室らに加え、藩校興譲館に学んだ莅戸政以・服部豊山《はっとりほうざん》・嶋田多門《しまだたもん》らが配置された。さらにその藩校の提学には、古賀精里に学んだ香坂衡山《こうさかこうざん》が莅戸により推挙され、以後、藩校の学風は朱子学となった。藩校出身者が藩政の中枢を占め、共通の学問基盤に立つ莅戸政以が藩政の中心に立ったのである。こうして米沢藩の第三の改革は、幕府寛政改革・正学派朱子学との結びつきをも持ちつつ起動したのである。

「民本」「民利」の思想

では、莅戸政以は、年貢徴収の厳格化を求める農官たちの意向を受けて、どのような方針を示したのだろうか。農官の意見に対して莅戸は次のようにいう。

領内の民は、一人として「御国民」でない者はいない。以後も永く「御国民」であり続ける者たちに対して、わずか一年の年貢の収量を増やそうと、翌年からの貧困を顧みずに無理矢理取り立てて納入させるのは、「小利大損」である。そればかりか、「民の父母」として子である領民を愛すべき人君の仁心に背くものである。「天」は、民の利益となりくらしがよくなるようにと国主邦君を立てられたのである。どうして「民利」を奪い掠め取ることがあっていいだろうか。（『子愛篇』）

莅戸は、「御国民」の生活を直撃するような無理な取り立ては、一時的な利益しかもたらさないばかりか、将来的に大きな損失をもたらすものだとする。年貢徴収の厳格化を、経済的な効果という観点も交えて否定したのである。

同時に莅戸は、「民の父母」という儒学的理念に基づいて、民の利益・安定したくらしを実現するところにこそ、君主の存在意義があるのだと説く。儒学が示す政治理念という観点からも、「民利」を奪い取るような年貢の取り立ては否定されるべきものである。莅戸は、当時の政治の理念を蔑《ないがし》ろにすることなく、「民利」の確保を強調する朱子学正学派に連なる人々と足並みを揃える形で（小関悠一郎「江戸時代の「富国強兵」論と「民利」の思想」）、民は国の本《もと》だという「民本」の思想を強調したのである。

「風俗」改革の難しさ

さて、藩財政の逼迫、農民支配の現場が直面する困難を考えれば、莅戸の主張は、一面で極めて理念的なものであるようにも見える。財政が逼迫するなか、どうやって「民利」「民本」の理念を実現しようというのか。

この点、莅戸は、領主(藩財政)と領民(民生)の「中間に処する農官の処置は甚だ難しき事」と述べ、苦しい状況に置かれる藩と領民の間に立つ農官たちの苦慮にも目を向けて、次のように打開策を提言する。

それは、藩領内の農民の「風俗」、とりわけ生産・労働に対する意識や習慣のあり方を改革することである。領民に「勤勉力行」を旨とする意識・習慣が行きわたれば、無理な取り立てをせずとも、「富国安民」を実現できるはずなのだ。

勤倹という習慣

莅戸が見るところ、米沢藩領の農民には、勤倹の習慣は皆無で、むしろ、安易な労働・生活態度に流れる傾向が顕著だった。その一例が、街道を通行する牛馬が道筋に落としていく排泄物の取り扱いである。

これは近年、江戸時代がエコ社会だったことの象徴として取り上げられる話題でもある。とりわけ、安永年間に徳川将軍の謁見を受けたオランダ人ツュンベリーの観察がよく知られている。「日本人にとって一番大切なのは農業である。……日本では農民が最も有益なる市民とみなされている。……世界中にこの国ほど、より丹念に肥料を集めている国はない。……どの街道でも……馬の後には老人と子供がおり、棒の先につけた貝殻で馬の糞を拾い上げ、籠に入れて家に持ち帰っている」(『江戸参府随行記』)というわけだ。日本全国でそうした風習が見られたかに思える。

ところが、莅戸によれば、米沢藩領民の「風俗」は、自堕落で安逸に流れやすく苦労に耐えられない。そのため、他国では道沿いの馬糞を「貝殻杓子」で拾い集める風習が見られるのに、米沢藩領では、駅路街道の牛馬の排泄物を拾い集める者など誰一人として見当たらない。一事が万事、田畑の耕作であっても労働習慣・心構えは同じだろう。米の生産額が伸びないのも、こうした農民の働き方に原因があるはずだ。だから、農民が「力田」に向かうように仕向けることこそ、民政の最重要課題なのだ。農官による指導により、農民の「風俗」を労働集約的なものに移し変えることで、米を中心とする農業生産額を上げようではないか。こう、莅戸は主張するのである(以上『冬田農談』)。

『子愛篇』の改革論

文化二年三月、莅戸政以は、さきに見た『子愛篇』で、自らの「風俗」改革の構想を具体的に提示した。それは、分限に応じた衣食住、休日(「遊日《あそびび》」)の日数、災難への助勢等の取り決めをし、「不心得不稼ぎ」による困窮や年貢未納に対する処罰(罰金や断交)規定を伴う取り決めを契約組(農村に自生した互助組織)ごとに作らせるというものである。近世の農村社会が持っていた同調圧力に着目し、それを「道楽・不稼ぎを何よりも恥ずかしく思うの俗」の形成に資するように方向づけようというのだ。

これは第一に、生活や労働のあり方をめぐって、藩が上から直接的に強制するのではなく、農村の自生的組織を通して、農民自らが取り決める形をとることで、自己規制を強くはたらかせようとするものである。第二に、いわば自己責任により貧困に陥ったり、年貢未納に立ち至ったりした(と見なされた)者が出た場合には、藩権力が手を下さずとも領民自身による相互制裁が働く、そのような意識を定着させようとするものだ。

近世日本の農業生産力の拡大が、労働集約的な方向で進む中、「富国安民」を実現しようとすれば、「稼ぎ働かねばならぬように鼓舞扇動」し、「計略を以て識らず識らず我と我が身を稼ぎ働かしむるの術」が必要だというのが、莅戸政以の改革構想の基本であった。
前章でふれた「伍什組合」は、このような「風俗」改革の梃子とされていくのである。

改革構想の具体化

このような莅戸政以の構想の下に進められた改革は、農政・民政の現場でどのように具体化していったのだろうか。次節では、文化元年から同六年まで、北条郷三八カ村（のち二五カ村）を管轄する郷村出役をつとめた北村孫四郎（一七六四～一八三三）の経験に探ってみよう（北村孫四郎「日記」五・六、市立米沢図書館、『南陽市史編集資料』四五～四七）。

3　文化初年の民政の展開――北村孫四郎の奔走

郷村出役・北村孫四郎

文化元年（一八〇四）二月六日、五〇石取りの北村孫四郎信精《のぶきよ》は、奉行広居忠起宅に呼び出され、唐沢十左衛門《からさわじゅうざえもん》と交代する形で、北条郷（現南陽市など）を管轄する郷村出役に任命された。同じ日に山田理右衛門《やまだりえもん》も中郡（現川西町）の郷村出役に任命された。

天明元年(一七八一)に家督を相続して馬廻組に属していた北村は、後に、記録方を勤めて物頭・三十人頭に昇進するなど、天保三年(一八三二)に隠居するまで藩政に活躍した人物で、和歌にも通じて有力な門人も輩出した。郷村出役への任命は、こうした北村の有能さが買われたものかもしれない。と同時に、「漆《うるしやま》山村は我が十とせの古郷に候」というように、任命前の北村は、事情は定かでないが北条郷の漆山村に一〇年間居住し、「百姓の仕事も渡世もここにて見覚え」たという(『北条郷農家寒造之弁』)。郷村出役任命にはこうした経験もあずかっていたのだろう。

北条郷の村々へ

任命後、中条・広居の両奉行をはじめ、藩の高官や農政役所への挨拶回りを終え、北条郷に下った北村は、蝶夢亭《ちょうむてい》と名づけた漆山村の居宅に入ると早速、二月一一日には宮内《みやうち》村の有力者である星源兵衛《ほしげんべえ》らと打ち合わせを行った。漆山村に隣接する宮内村は、熊野大社の門前町から発展し、商家が軒を並べた北条郷の中心的な村である。翌一二日には漆取育立役・丹野長兵衛《たんのちょうべえ》に会合開催の指示を伝え、挨拶に来た漆山村以下八カ村の肝煎たちと面談。一四日には、漆山村・羽付《はねつけ》村の村役人と小前百姓の代表を前に、「家内和順にして孝弟の道を勤め、和悦して相

『邑鑑』に見える村名
小滝
(上)荻
下荻
太郎
中山
元中山
焼平
須刈田
金山
釜渡戸
吉
野
川
川樋
織
機
川
小岩沢
内原
新田
池黒
宮内
漆山
羽付
和田
蒲生田
三間通
竹原
二色根
平野
梨郷
砂塚
西落合
中落合
若狭郷屋
赤湯
金沢
長瀞
郡山
長岡
椚塚
最
法師柳
関根
萩生田
坂井
島貫
高梨
中ノ目
時沢
松沢
上
露橋
宮崎
沖田
鍋田
俎柳
川
大橋
深沼

図 4-1　北条郷概略図

働き候ように」と訓示し、「孝心の者」「一家内睦まじき家」「働きへ入情の者」「近年身帯を持ち直したる者」「近年身帯をもち崩したる者」などを書き出すこと、村勢を書き上げた「村大概帳」を提出することを命じた。一家一村の結束に基づいて農業労働に打ち込み、貧困に陥る者が出ないようにという趣旨の指示で、それは莅戸政以の構想に沿ったものでもある。

その後、藩の役人や村々と様々なやりとりをしつつ、「漆道寄合」(漆木植栽に関する協議)として丹野長兵衛宅での漆取育立役たちの協議に終夜同席するなどしながら、北村は管轄の村々を廻り、同様の申し渡しを行っていった。

莅戸政以と郷村出役

「莅戸九郎兵衛殿へ御家老仰せ付けらる」。この知らせが到来したのは、北村がそうして廻村している最中の二月一九日のことだった。莅戸政以が正式に奉行に任ぜられ、改革の開始が告げられたのである。

二一日までに大半の村々を廻り終えた北村は、早速九項目からなる「存寄書」(意見書)を書き上げ、二六日に城下に登ると、農政を掌る郡奉行に提出した。翌二七日には、郷村出役の同僚たちとの酒食を交えた会合に出席し、「寄合の席にて餐霞《さんか》館《かん》老君の奉行衆への御達文拝吟」

した。「餐霞館」は、鷹山が側室お豊の方・長男顕孝とともに天明五年九月に移り住んで没するまで生活した、米沢城三の丸に建てられた鷹山の隠居所の名称である。「餐霞館老君」すなわち鷹山が奉行らに示したお達し文は、本章2節冒頭にふれた「御書付」のことだろう。郷村出役たちはこれを寄合の席で「拝吟」したというのである。

当時の鷹山の見解の重みが窺われるが、それは奉行に就いた莅戸政以の強力な後押しともなっていた。三月一日、郷村出役たちを自宅に呼び集めた莅戸は、郷村出役の「勤方心得」を申し渡し、郷村頭取に任じられた自身への協力を要請、続けて「餐霞館老君の御書の趣」を説き聞かせた。莅戸は、鷹山の信任を背景に、農政・民政の現場で改革の成否の鍵を握る郷村出役たちを掌握しようとしていたのである。

以後、莅戸政以は、さきにみた『子愛篇』などにより、自身の構想・見解を折々郷村出役らに提示し、改革を進めていった。莅戸政以は彼らに、農村の現状把握や定例的実務に止まらない取り組みを求めたのである。それは、現場の郷村出役たちがそれぞれ、藩の農政方針の徹底した理解の下、その方針に見合った農業技術と精神面での指導を農民に対して行えるよう、問題意識を共有していく過程でもあった。次に見る老藩士今成吉四郎の農事教諭も、こうして行われることになった試みである。

今成吉四郎の再登場

翌文化二年正月二九日、莅戸政以は郷村出役に対して、今成吉四郎(一七四六～一八〇六)の農事教諭聴聞を命じた。今成は、細井平洲に入門し藩校に学んだ後、役所役に任じられて、馬場次郎兵衛らとともに藩政の実務を担った人物である(第二章参照)。その間、塩場開発から製茶法の研究まで、代官だった父平兵衛と共に殖産事業に力を尽くし、安永～寛政期の産業育成に大きな足跡を残していた。

今成吉四郎はかつて、『農政全書国字』という農政建議書を著し藩に提出していた(安永七年四月)。安永二年(一七七三)、江戸にいた鷹山が「地の利を尽くす」ための調査を指示した際、細井平洲から推薦を受けて入手した『農政全書』(中国明代の代表的農書)の研究を担当したのである。研究を命じられた今成は、『農政全書』から抜粋した漢文を、領内の「老農」から聞き取った知見を織り交ぜて解釈し、農法や農政機構のあり方について提言したのであった。

その時の今成の提言の骨子は、堆肥の製法と施肥の方法を改善して、田を深く耕す「深耕」の農法と組み合わせれば、収穫量を大きく伸ばすことができるというものだ。それを領内全体で実現するために必要になるのが、農官による技術指導および労働慣行・精神面での教化であ

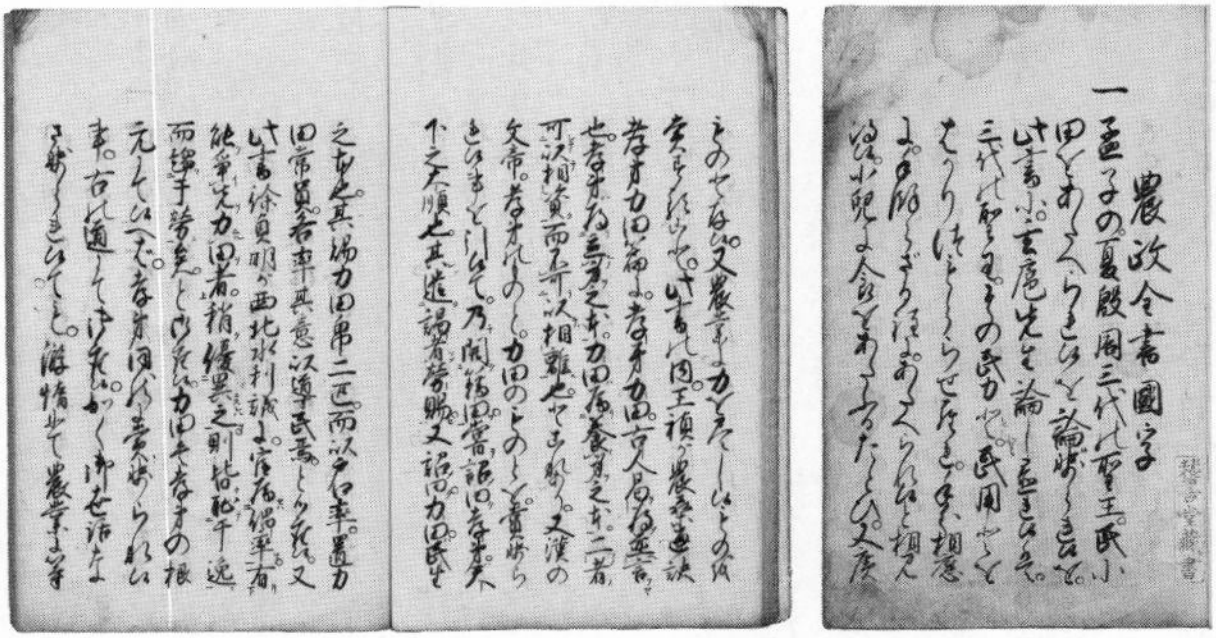

図 4-2　今成吉四郎・蓬田幾(郁)助『農政全書国字』(市立米沢図書館蔵)．鷹山の蔵書印が見える

る。今成が、「民をあつかふ人」(農官)に、民が遊惰無く農桑に勤めるよう「力田」者(農業出精者)を賞すること、「古今の農書」に精通して、「農師」と連携し、各地域に適した耕作技術書を著すことを求めたのもそのためである。

今成が、農民が農耕に打ち込むことを何より重視したことは、彼の『農政全書』の読解にも表れている。例えば『農政全書』は、王禎《おうてい》『農桑通訣《のうそうつうけつ》』孝弟力田篇の語を引きつつ、農業出精と父兄への孝行は相即不離だと説くのだが(「孝弟」と「力田」とは「以て相資すべく、以て相離るべからざるなり」)、今成はこれを「力田は孝弟の根元」と解釈し、父兄への孝行よりも農業出精を根本と見なすのである。意図的誤読とも言うべき読みかえまで行って、今成は農耕への出精を説いていたのだ。

中国明代の農書に記載された理念が、徳川日本で変容しつつ受けとめられた事例でもある。

今成吉四郎の農事教諭

文化初年の農政に目を戻そう。郷村出役らに対する農事教諭を命じられた今成は、それに応じて『農事常語《のうじじょうご》』を執筆する(『日本農書全集』一八)。「草を田畑に立たぬ様に作るが百姓の役と心得べし」、「朝早く起きさせ、朝草多く刈らせ、肥塚を大きくさせて喜ばせ、……糞を惜しむこと黄金の如くする風俗に移らせたきものと存じ候」。肥やしを大切にする「風俗」と「田ウナヘ」=深耕を重視する今成は、技術的な面で踏み込んだ農事指導と、精神態度・慣行面(「風俗」)での教導を郷村出役たちに求めた。

末尾で今成は、「農官の人は良く誘い導いて稼ぎ稼がせ、家々戸々押して富ましめたきものに候」と結ぶ。農官・村役人を教導の担い手に、全農民が農業労働に注力する「風俗」を醸成する、そのことによってこそ「家々戸々」の富、「富国」が実現するのだ。今成は、莅戸政以の構想とほぼ一致する「風俗」改革論を、農法・農業労働を焦点に提示してみせたのであった。

このような今成の農事教諭を受けた北村孫四郎は、その日の日記に、「今成吉四郎へ、出役中農事承知のため出合に罷り出る。御酒相廻る。深田うないの事専要なり」と記した。酒食を交えた会合の席で、北村は「深耕」が重要だとする今成の主張をしっかりと受けとめていた。

北村孫四郎の思い

このように莅戸政以ら藩執政の意向を受けとめ、同僚の郷村出役たちと研鑽を深めながら、北村は日々、領民への指示や持ち込まれた問題への対応にあたっていった。管轄下の村々を巡り歩く日々の中で北村は、個々の村のあり方が一様ではないことに気づいた。かつて漆山村に居住した経験から、領内の村々はみな同じようなものだろうと思い込んでいた北村は、郷村出役として廻村し、領民たちとやりとりする過程で、村々の姿が「全く以て同様には無之」ことに思い至ったのである。

図 4-3　現在の南陽市漆山(珍蔵寺から)

こうして北村は、「あちらの善をこちらへ導き、こちらの善をあちらへ喩して廻り」、管轄下の「二十五ヶ村を一家として」、どうにかしてそれぞれの「生計」がうまくまわるようにしたい、との思いを深めるようになっていく。ことに

「十とせの古郷」たる漆山村には恩義を感じ、それに酬いたいとの思いが強まっていた。

こうして北村は、村々の立て直しに資するようにと、その手引き書を執筆することを決めた。口頭での指示だけでは、最後まで伝わるのは枝葉末節のみである。しかしそれを仮名書きの書物にまとめておけば、村役人たちがそれを目安とし、問題に応じて取捨選択して対応することも容易になる。書物の中に家々・個々人に適当な方法を見出した時に、その書物を贈り合えば、隣同士のつき合いの甲斐もあるというものだ。こう考えて北村は執筆にかかったのである。

文化元年一一月に一応の完成を見たその書物に、北村は『冬細工之弁《ふゆざいくのべん》』という書名をつけた。脱稿後早速、配付用として写本三冊も作成し、同月三〇日、北村はこれを漆山村の村役人・免許(先祖の由緒などにより苗字帯刀御免などの特権を与えられた百姓)・大高百姓に示達したのである。

「家々蚕致すべき事」(養蚕)、「桑・漆植え立ての事」、「貧民を引き立て、堕農・遊民をいましめ申すべき事」などの七カ条を中心とする書物の内容を示しながら、冬の間に村内各戸に懇ろに言い含めて、来春早々に村をあげて取り組むべきことを、北村は漆山村の役人たちに説いた。漆山村で話し合いがついたら、隣村の池黒《いけぐろ》村・羽付村にも書物を貸し与えるようにとも指示し、「悪田を引き直し申すべき組立」、「早起きにて三百文に百文の働き益し」など、両村の事情に合わせて実施すべき指示も付け加えられていた。

『北条郷農家寒造之弁』による教諭

明けて文化二年正月、北村孫四郎は『冬細工之弁』を『北条郷農家寒造之弁』と改め、管轄下の村々にその趣旨を説き広めていくことになる。ここに、『日本農書全集』一八（農文協）に収録された『北条郷農家寒造之弁』が姿を現したのである。同書の成立事情は概略的にしか知られてこなかったが、二〇一四年に北村の日記が発見され、初めてその成立事情が克明になった。すでに見たように、同書は書斎で書かれ死蔵されたものではなく、まさしく農政役人の現場での取り組みの中で成立し、村立て直しに実践的に用いられていったものだったのである。

図4-4　『日本農書全集』第18巻

さて、前年末の漆山村での教諭に手応えがあったのだろう、北村は正月一八日、漆山村・羽付村・池黒村を含む近隣九カ村（他に、金山、宮内、蒲生田《がもうだ》、若狭《わかさ》郷屋《ごうや》、三間通《みつまどおり》、二《に》色根《いろね》の各村）の肝煎と宮内村の免許百姓らを呼び出し、『北条郷農家寒造之弁』の趣旨を酒を振る舞いつつ説き聞かせている。二月五日には夜中まで、小《こ》滝《たき》・上荻《かみおぎ》・下荻《しもおぎ》・太郎《たろう》各村の肝煎・欠代《かんだい》・長百姓（それぞれ名主・組頭・百姓代にあたる村役人）に呼びかけ、ここでも酒を振る舞って『寒造之弁』の趣旨に基づく取り組みについて相談した。以後、一六日・一七日にも、他の一二カ村の肝煎・欠代・若者頭を呼び出して、酒を交えて同書を読み聞かせ、趣旨を説いたのである。

「金銭を手取る事を知らざる誤り」

いったい、北村はどのようなことを百姓たちに提案したのか。北村が最も力説したのが、養蚕による各村・各戸の収益確保である。北村は次のようにいう。

北条郷は特産である青苧の生産が盛んだが、同様に青苧を多く生産する下長井郡（現長井市・白鷹町、北条郷に隣接する）では、養蚕が盛んなため、暮らし向きが非常にいい。北条郷でも、村高が合わせて六八〇石余の下荻村・太郎村は、養蚕によって年々四七〇両ほどの収益を得、石高に見合わないほどの戸数が生計を立てている。これに対して、例えば宮内村・漆山村は合わせて四〇〇〇石もの村高なのに、養蚕による収益は年に六〇両ほどでしかなく、あまりに少ない。北条郷の多くの村は、背後に山を抱え、沢から水が流れ出て夏の夜に涼気をもたらし、開けた土地もあるため、桑（蚕の飼料）の栽培も容易だと考えられるにもかかわらず、である。

これは、今の仕事に加えて新たな作業に従事することになれば、息をつく間もなくなるなどと言って、従来の働き方に固執するためである。

北村は、こう述べた上で、次のように説く。「天職」である農業（米作）に専ら精を出す一方で、金銭収益をあげることに無頓着なのは誤りである（「天職の農業を一際勤めて、金銭を手取る事を知らざる誤り」）。それでは苦しく不自由な生涯を送ることになり、普段からの生活不安を解消することはできない。やんごとない上杉家の奥御殿でも近年養蚕を行っておられるではないか。「女の産業」である養蚕は、「王公貴人の奥方」の「風儀《ナラハシ》」でもあるのだ。（莅戸善政が享和元年〈一八〇一〉に著し木版刷りで村々に頒布した）「伍什組合被仰出書《ごじゅうくみあいおおせいだされしょ》」も冒頭で、「百姓の天職は農桑」とし、五穀を作り出す「農」と桑を植えて絹糸・真綿にする「桑」を四民の飢寒を救う産業だと説かれていたのではなかったか――。

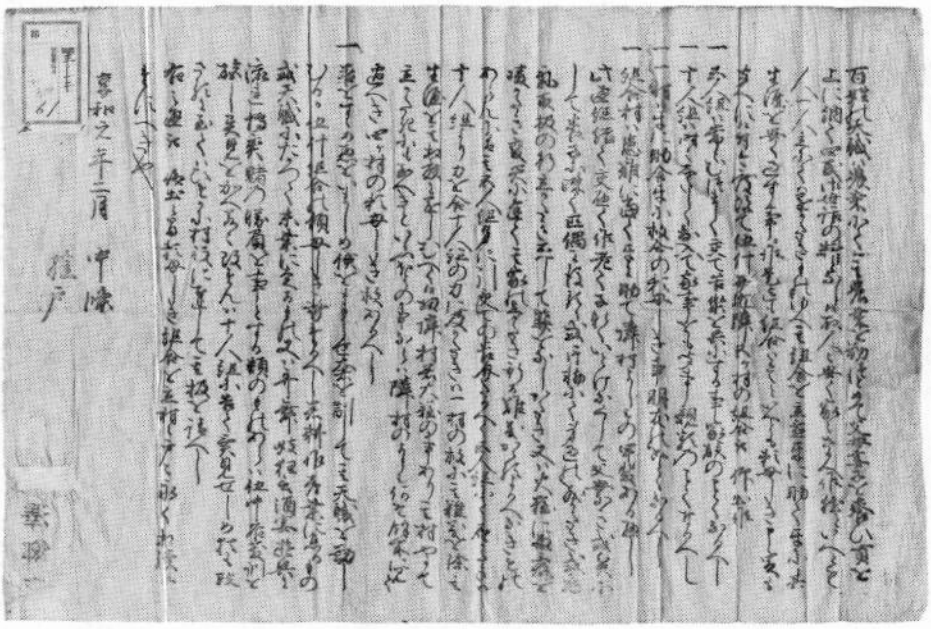
図 4-5 「伍什組合被仰出書」（市立米沢図書館蔵）

北村は、仕切料から資金を拠出しつつ自ら養蚕への率先的な姿勢を示した鷹山明君像や、寛政改革期の触書を利用しながら養蚕を奨励し、金銭収益に主体的に向き合うべきことを農民に懇懇と説いて回ったのである。

綿密な計画と村々

北村はこれと同時に、詳細にわたる桑栽培・養蚕の方法、村々の立地や特性に応じた取り組み方・注意点などを記述し、それに従って農民たちが直ちに実行できるよう具体的な説明も行った。地形に応じた桑畑の仕立て方、桑の品種、良質の桑葉を採るための栽培方法、蚕種の産地と価格や品質、蚕の善し悪しの見分け方、各戸での冬期間の準備、養蚕の師匠に聞き習うことの大切さ、養蚕から得られる利益など、北村は養蚕導入の具体策を丁寧に説いたのである。

北村のこうした構想は、『北条郷農家寒造之弁』執筆以前に、郷村出役としての取り組み・領民との交わりのなかで形づくられたものでもあった。文化元年一一月二〇日、蒲生田村が年貢未納に陥った際、手余り地が増え、米の他に目ぼしい産物も無かった蒲生田村上野《わの》について、「来年からは蚕業を産とし、田地を減らし手入れを十分にして収穫量を増すとともに、絹糸を製して村の産業とするように。久左衛門妻を師として蚕いたすように」と指示して同意を得ている。桑栽培については、文化元年三月四日に金山村の長百姓高橋嘉門《たかはしかもん》が「一村の桑・漆組立願書」を持参したのを皮切りに、六月二〇日には、小滝村の肝煎と漆・桑の植立てを相談し、翌々日に実行を決めると、七月二日には、中山《なかやま》村の村役人とも桑・漆植立ての相談をし、翌日同村花窪《はなくぼ》で漆・桑植立て場所を指示、同二六日には蒲生田村などの桑畑を見分するなど、管下各村での桑栽培について相談と試行錯誤を繰り返していたのである。こうして自らの調査・見聞に基づいて紡がれた北村の説明は、具体的で説得的なものとなっていった。

桑植立ての奨励

その後も北村ら現場の役人たちは、金銭収益の増大を可能にする養蚕や桑・漆の栽培を強く後押ししていった。北村の管轄下で「難渋」に陥った若狭郷屋村でも、「桑を植え立て、女の業に蚕を致させ候はば、順々立ち行きの道明にも相至るべし」として、藩から五三貫文余りの資金援助が行われた(文化二年)。文化三年春には、荒れ地開発と桑植立てを申し出れば、開発費用を支給する旨の通達が蚕桑役場からも出されている(高橋九兵衛「万控」)。

こうしたマッチングは、藩の指導という側面もあるが、北村のような郷村出役たちが百姓たちと深く交わり地域の実情を皮膚感覚で理解していったことがもたらしたものだったろう。以後、成田《なりた》村善四郎《ぜんしろう》夫婦が「養蚕指南」に任じられて(文化三年)、廻村「師導」を行い、蚕桑役所から『養蚕手引』も版行され、領内全体に養蚕・桑栽培が奨励されていく。

図 4-6　現在の南陽市金山

金山村の立て直しと桑栽培

この頃、北条郷の中でも難村だった金山村では、三〇〇〇貫文余りの田地を他村の者に売り渡した状態となっていて、苦しい経済状態に置かれていた。そこで、長百姓を務めていた高橋嘉門らの村役たちは、何とかして資金を作り、他村に渡っていた田地を買い戻し(質地の請け戻し)、土地を手放して貧困に陥った者たちに分け与えて、村を立て直したいと考えていた。そこで嘉門らは、桑・漆の栽培から収益が見込まれるのに目を付け、村として桑・漆を植立てる計画を立てたのである。北村孫四郎と相談し働きかけて、藩が管理する林の一部を植立て用地として下げ渡しをうけることに成功した。その結果、村役たちが拠出した資金も合わせて一二〇貫文余りの資金を得、文化元年中に六反九畝余りの田地を買い戻すことができた。

翌文化二年四月七日には、この取り組みを藩は高く評価し、「彼是一村心を合わせ、難渋の者を引き立て候組立いたし、一段なる儀」として、肝煎菊地嘉右衛門《きくちかえもん》以下村役五名、開発植立世話人九名、一般の平百姓一一一名が「御賞」にあずかったのであった。北村は、表彰の文面の冒頭に「彼是」とあるのは、「一村の者合体して難渋の者を引き立て」——金山村民の人心を一致させたことを賞するという意味があるのだと解説し、この取り組みは「諸郷の鑑《かがみ》」になるべきものだから、全員いっそう努力してほしいと村民たちに伝えた。金山村ではその後、同年九月に高橋嘉門が伊達（現福島市）へ桑の苗木を買いに出向くなど、引き続き取り組みを進めていくことになる。

村立て直しを求める百姓たち

長百姓高橋嘉門は自ら取り組んだこの村立て直しの計画（「組立」）について、「一村挙げての倹約により資金を貯え、山林を開発して桑・漆を植えて、最終的に他村に売り払っていた田を買い戻すことにあてれば、村内の貧富の差が無くなり、百姓の家々が安心して土地を耕作する基礎となるのだ」（原漢文、『南陽市史編集資料』三）と述べている。

高橋嘉門は、多くの百姓が田畑を手放さざるを得ない経済状況に置かれて、村内での格差が急激に拡大しつつある状況が、有力農民を含めた村全体に悪影響を及ぼすものだと考えていた。

そこで、村を挙げて米以外の原料生産を盛んにして資金を得、収入減に苦しむ下層の百姓たちに再び耕地を分与することで、状況を克服しようと志向したのである。村の百姓たちは階層の上下を問わず、農家経営の基礎として、村の全百姓が安定的に耕地を所持することを切実に求めていた。

官民ともに潤う「富国」

こうした百姓たちの切実な思いと取り組みを基底に行われた文化初年以降の殖産政策は、農村にどのような結果をもたらしたのだろうか。天保二年成立、著者不明の藩政意見書『背《せな》曝《あぶり》』は、文化年間を画期とする桑栽培・養蚕業の隆盛が、官民ともに莫大な恩恵となっていることを指摘している。

一反の田からは米四俵が得られるが、その収益はわずかに六、七貫文である。……これに対して、二〇〇貫目の桑を扱えばその収益は一五貫文余りとなる。米作に比べて八、九貫文もの増収となるのである。……

したがって、上にある藩の役人も〔藩内に〕金銭が多く入り「国益」が大きくなるのを好ましく思っている。その上、公〔藩〕としては田畑の年貢減収が一切なく、民の側でも米生産に比べて収入が倍加することから、「富国」の道が大いに開けてきたと、〔米年貢を基本とするのが建前なのに〕ひそかに賞賛している……

『背曝』の著者は、田を桑畑に作り替える動向の広がりに批判的な視線を投げかけてもいるが、養蚕業の浸透とそれによる多くの農家経営の基盤強化と年貢収納の安定は、官民がともに潤う「富国」の実現に他ならなかったのである（表3）。

表3　北条郷における蚕利の増加

村	文化元年(1804) 寒造之弁	文政10年(1827) 村目録
中山	1000両	1503両
小岩沢	60〜70	155
川樋(新田含む)	100	453
小滝	300	902
荻両下	700	1708
太郎	260〜270	754
金山	300	497
宮内	40	2131
漆山	20	442
池黒	40	280

分以下切捨

「義」を追求して「利」を生みだす政治

こうして、「明君」鷹山の君徳こそ、養蚕・桑栽培の隆盛による「富国」実現の源であるという見方も定着していく。鷹山の事績を描いて産業振興に紙幅の過半を割く『餐霞館遺事』（服部豊山著、天保二年）は、「大殿様〔鷹山〕御台所料」からの手当を起点に「民利の最たる」養蚕が隆盛したと力説する。このような鷹山の政治は、「国富民豊」を実現し、「国中仁厚の風俗に一変」させた、「義を利とするの治道」であるというのだ。真っ当だが経済的にはマイナスにもなりうる政策に正面から取り組んで、そこから官民に経済的な利益をもたらすことに成功したばかりか、人情味のある社会までも実現したのだ、と鷹山を高く評価するのである。

通俗道徳的な習慣・意識の確立

以上のように後年、養蚕業は、農家に金銭収入をもたらす元となっていった。しかし、そうした新たな生業と働き方を、多くの領民がただちに受け入れられたわけではない。ここでもう一度、文化初年の北村孫四郎と北条郷の村々に目を戻してみよう。

北村が見るところ、農民の中には馴染みのない仕事に手を出すことへの警戒心も強く、その浸透は容易ではないように思われた。北村は養蚕と並んで荒田畑の再開発を推奨したが、莅戸政以・今成吉四郎が望んだ米の収量増加は、肥やしの製作・「深耕」・除草など、いずれをとっても、より多くの労働量が必要となるもので、農民のくらしと働き方に大きな変化を強いるものだったからである。

このことを踏まえ、『北条郷農家寒造之弁』で北村は、農民たちに次のように説いた。「真の農人」に不可欠なものは「才」や「術」(才能や技術)ではない。「要」となるのは、少しでも収穫を増やそうとする「心」なのだ。朝早く起きて農作業をし、農業に打ち込んで工夫を重ね、夜も気を抜かずに縄ないなどの仕事をするよう心がけよ。収穫増を目指して農作業に専心し、少しでも多くの労働量を投下できるように生活・労働習慣を改めよ、というわけだ。北村はこうして、早起きや勤勉、力田といった生活様式の確立を百姓たちに求めた。

それまでの民衆が形づくってきた民俗世界に強く介入することにもなる通俗道徳的意識・習慣の確立は、明治期以降にまで続く時間幅で進められた事柄だったが、ここでは村々の百姓たちとの折衝を重ねて進められた北村の取り組みを見てみよう。

力田者の表彰

文化二年四月一〇日、藩領村々全体を対象として、多くの百姓たちが代官所に一斉に呼び出された。「力田者」(抜群の農業出精者)として表彰を受けるためである。北村孫四郎管轄下の北条郷からは、二〇カ村の百姓やその家族三四名が出向くことになった。当日の朝、肝煎から呼びかけられた彼らは、御礼として出席し、それぞれ「御賞」として酒五升、塩鮭一尺ずつを拝領した。北条郷では、七日に金山村の百姓たちが村立て直しの計画実行により表彰を受けたばかりである。このような「力田」奨励策は、藩当局の意向とそれを受けた郷村出役らの取り組みによって実現したものだった。

前年の五月、莅戸政以に呼び出されて「力田者書き上げ候事」について指示を受けた北村は、村々に力田者の行跡を書き出して提出するよう命じた。六月一一日の池黒村・漆山村を皮切りに、同月だけで一二カ村から一七名の行跡を記した書面の提出があった。北村は、提出された文面に加筆訂正した上、「農家の亀鑑《きかん》(手本)」となるものであるから「御賞」を下されたい旨を書き添えて代官所に提出した。九月一五日には、「力田者書上草書」を提出するよう藩領内に廻状で伝えられ、北村も提出を督促しながら、以後も各村からの提出を受け、一斉表彰に至ったのである。

一斉表彰後の五月六日、莅戸政以は、北村と郷村出役たちを呼び出して、こう述べている。「教化風化というのは、よき流行を村々に移すことに他ならない。芸者も上手下手で流行する場合とそうでない場合がある。郷村出役の役割はこれと似ているから、療治するつもりで心懸けることが肝要である」。さきの一斉表彰は、風俗教化——通俗道徳的な生活習慣・意識の確立・浸透——を狙って、きわめて計画的に行われたものだったのである。

むろん、莅戸も自覚的に述べているように、こうした表彰が「力田」慣行の「流行」に持つ効果には限界もあっただろう。しかしそれは、百姓たちの意識に徐々に影響を及ぼしていった。一斉表彰の後、北村は改めて、大橋《おおはし》村の市太《いちた》郎《ろう》の行状を記した書面の提出を受けた。四月一七日に市太郎が、自分ではなく息子が表彰されたのは「恥辱」だとして、北村に不満を伝えてきたからである。市太郎にとって、「力田者」として表彰されるか否かは、自身の名誉にかかわる重大事だったのだ。江戸時代に孝子良民として表彰されることは、現代のオリンピックで金メダルを獲得することに匹敵するような栄誉と見なされていたと言われる（勝又基『孝子を訪ねる旅』）。力田者の表彰という施策は、表彰を受けなかった者も含めて、百姓たちの意識に小さくない影響を及ぼしていったのである。

書物と子ども

一方、北村は、表彰に加えて書物による教化の効果を重視した。『北条郷農家寒造之弁』の執筆もその表れだったが、前年の一一月一九日に北村は、郡山《こおりやま》村で医師良助《りょうすけ》を呼び出し、「教示の事」を依頼している。翌々二一日に、若狭郷屋村の肝煎を呼び出して北村が伝えたのは、「医師良助に村の子どもへの教訓書の執筆を依頼したから、月に二、三度ずつ会を設け、若者共に物習いの心得違いがないよう肝煎から呼びかけよ」ということだった。北村は、書物による教化の対象を子どもや若者に広げることで、より効果的に風俗改革を進めようとしたのである。

文化二年二月四日、北村が宮内村の三人の欠代に、「寒造の世話ならびに手習いをする子どもの有無を知りたい」と依頼したことは、『北条郷農家寒造之弁』の執筆と「子どもへの教訓書」の作成が、同じ発想から打ち出されたことをよく示していよう。

幕府の享保改革で、将軍吉宗が中国皇帝の勅諭を翻案させた『六諭衍義大意《りくゆえんぎたいい》』を寺子屋師匠に頒布した享保七年(一七二二)頃から、幕藩領主は徐々に民衆に対する教育に関心を向け始めつつあった。米沢藩でも、風俗教化の観点から、徐々に、書物の政策的効用とともに、子ども・若者に対する教育に目が向けられ始めていたのである。

「堕農」「遊民」への説諭

文化元年八月二二日、北村孫四郎は、漆山村の村役人たちを呼び出し、農事を怠らないようにするため、「堕農」・「遊民」・村役の指示に従わない者を書き出して申告するよう指示し、翌二三日には、村々の肝煎に「堕農・遊民をいましめ候ように」と申達した。北村は、「力田」を奨励する一方で、農作業を怠ったり村役に従っていないと判断される者を書き出させ、肝煎たちと共に指導を徹底しようとしたのである。

北村ら郷村出役による「堕農」「遊民」の統制は、一度きりの触書の通達や個々の案件の事務的処理というにとどまらず、組織的な対応の下に、繰り返し説諭を行うという点にその特徴がみられる。

同年一一月一二日、「不心得」により漆山村矢野沢《やのさわ》の百姓たちの間で争いが起きた際には、漆山村と池黒村の肝煎・欠代を立ち会わせ、「伍什組合之被仰出」の趣旨を示して、百姓たちのどのような行動が「不心得」なのかを一々説き聞かせ、百姓たちは逐一誤りを認め、以後つつしむことを申し出たという。

「国賊」「邪魔者」の糾弾

北村は、この「伍什組合之被仰出」の趣旨について、『北条郷農家寒造之弁』でこう説いている。「伍什組合之被仰出の大意は、個々の百姓が安定したくらしを送れるようにというもので……、互いに助け救い合い、常々睦まじく交わって、家族のように苦楽を共にせよということである。そうであるのに、同業者が増えると自分の利益にならない、などと言って、他人の足を引っ張ろうとする者は、不人情であるばかりか、「国賊」というべき者である」。北村は、伍什組合をはじめとする農村組織が互助のために設けられたことを力説し、自らの利害関心を優先して地域内での対立を引き起こすような行動をとる者を「国賊」とまで呼んで強く否定したのである。「商売道不心得の不届の者」との理由で、郡山村の馬喰《ばくろう》商売をしていた善兵衛の処罰が検討された際(文化元年一二月五日)、「御郡中の邪魔」となる者だとして排除(追放)を申し立てるべきだと北村が指示したことも、「国賊」「邪魔者」に対する厳しい姿勢が示されている。

「堕農制道」と農村組織

こうして北村は、伍什組合や契約組といった農村組織の互助機能と相互規制の作用を利用して、村々の立て直しを図っていく。例えば、北村が赴任した当時、古くから続く家柄の百姓だった西落合《にしおちあい》村の新蔵《しんぞう》は、経済的に「貧窮」に陥り、回復困難な事態に立ち至って、ついに出奔してしまっていた。そこで北村は、星源兵衛とともに一家全員が揃ってくらすよう説諭し、文化元年四月一八日に得心した新蔵は無事帰宅する。その際、北村は「新蔵得心帰宅の事、契約中間より引き返しの扱いの事」として、同人の帰宅とその後の生活について契約仲間(契約組)の役割に期待している。

一方で、文化二年二月六日には、上荻村の「若者」(久吉、伊七、弥太郎、市太郎、長吉)と年寄二人を呼び出し、働き方に関する申し合わせを作って「働き暮らし候よう」に言い渡している。北村は、百姓が組織的・自発的に作る形をとる「申し合わせ」の作成を、様々な問題でたびたび指示したのだった。

これらの他にも、北村の下には、土地や人足の負担をめぐる争いから婚姻に関わる問題や妊娠した遊女(北条郷の湯治場として賑わいを見せた赤湯《あかゆ》村の「鍋女」)の扱いまで、村々で生じた様々な問題が持ち込まれた。北村は、個々の案件について、村役人と相談しながら対処していったが、それは基本的に百姓相互の関係に基づいて組織的に問題を解決しようとするものだった。

莅戸政以と北村孫四郎

北村たち農官は、各種の契約組、若者仲間など、重層的に存在する村内部の集団・組織の互助・秩序維持機能を強化し利用することで、風俗教化を進めていった。それは、さきに述べた「道楽・不稼ぎを何よりも恥ずかしく思うの俗」に民を赴かせようという莅戸政以の構想を具体化するものだったといえるだろう。北村が契約組の実態調査を行って莅戸に報告していることは(「相届候契約之立振候事」文化元年五月三日)、両者の緊密な意思疎通のもとにこうした取り組みが進められていったことを示している。

こうして、「富国安民」を目指して行われた第三の改革は、蚕桑という「富国」策の要となる産業を見出すと同時に、産業の導入と官民の収益拡大を可能とする「勤勉力行」の「風俗教化」を農村組織の機能に着目しつつ追求していったのである。

戦前の隣組制度の策定にあたって江戸時代の五人組に関する史料の研究が盛んに行われたことを想起すれば(山本英二『慶安の触書は出されたか』)、米沢藩のこうした取り組みは、以後の日本の社会や統治のあり方にも接続する改革だったとみることもできる。

「勤勉力行」の「風俗」

経済・治国の基本は「国を富まし、民を足らしむる事」であり、「民を足らしむるは治政の先務」なのだ(『子愛篇』)。莅戸政以は、「富国」を藩政の最優先課題だとしながらも、領民の負担増につながる年貢増徴策や、専売制による商品流通の過程からの富の吸い上げは主張せず、むしろ、民衆に通俗道徳的な倫理・規範を浸透させること、すなわち「風俗教化」によって、「富国」と「安民」を同時に実現することを構想した。

幕府の寛政改革における「風俗教化」は、さきにも述べたように朱子学という単一の道徳原理を奉じて、学校機関(学問所・藩校)による教育・町村の民衆教化を実現しようとするものだった。「孝」を第一として民衆が守るべき日常道徳の規準を序列化した『孝義録』の編纂・出版といった施策に、そうした志向が表れているというわけだ。

ところが、米沢藩での「風俗教化」は、「富国」の実現が治国の基本だとの考えの下、「孝」以上に「力田」や「勤勉力行」といった勤労道徳の浸透を主眼としていた。幕府寛政改革の民政を担った「名代官グループ」による民衆教化が、実際には「孝弟」という人倫道徳よりも「農桑」に関する勤労道徳に重きを置いていたことに通じる事態である（殷暁星「近世日本の清聖論受容と民衆教化」）。

そしてこのことは、米沢藩に止まらない、近世中後期の日本における「風俗教化」の特色をなしてもいる。というのも、歴代の中国皇帝が出した「聖諭」（上述の「六諭」が有名）に見られるように、伝統的に中国・朝鮮では、人倫道徳の基本とされた「孝」が民衆教化の最も重要な徳目とされていたからだ。

第三の改革で採られた「風俗教化」の具体的方法に関しても、正学派朱子学者が構想した講釈や学校機関による教化よりは、当時の東アジア世界の正統的学問だった朱子学を批判した荻生徂徠の、「民衆の町村共同体への、「名主」層を動員した政治的な介入」（辻本雅史「幕府の教育政策と民衆」）とより親和的である。

こうして以後、「富国」の実現を追求し続けた日本社会は、「勤勉力行」の「風俗」確立に突き進んでいく。米沢藩の第三の改革は、その起点の一つを構成したのだといえよう。

第五章
「天下の富強の国」米沢

「松川舟運図屛風」右隻(部分，山形県指定文化財，宮坂考古館蔵)．最上川沿岸の風景を表現したユニークな作品で，中央には宮(長井市)，上には糠野目(高畠町)と黒井堰大樋が描かれている

1　「富強」藩イメージの形成

「天下の富強の国」

一八世紀末以降、ロシアのラクスマン来航に始まる欧米列強の接近は、日本の対外関係に大きな緊張をもたらし、ペリー来航以後の「開国」、明治維新と続く激動の時代をもたらすことになった。幕末の日本が欧米列強を中心とする国際秩序に組み込まれていく過程は、同時代の数多の者の人生に計りしれない影響を及ぼすことになった。

鹿児島藩の下級士族の次男として文政六年(一八二三)に生まれた肝付兼武《きもつきかねたけ》もその一人である。天保年間(一八三〇～一八四四)に全国を遊歴し、吉田松陰をはじめ江戸で広く天下の諸士と交わった肝付は、北方からのロシアの脅威――蝦夷地問題をめぐる議論の中心人物だったとされる。ペリー来航の三年前にあたる嘉永三年(一八五〇)に肝付が敢行した蝦夷地踏査の見聞記録『東《とう》北風談《ほくふうだん》』が、国内外の情報を集めるために全国で作られた「風説留《ふうせつどめ》」の多くに書き留められ、数多の人々の関心を集めることになったのである(以上、宮地正人「幕末の鹿児島藩と情報収集」)。

その蝦夷地行の通過点の一つとなったのが米沢藩である。その様子について、肝付は次のように記述している。

> 藩領の富は、奥羽越の間に冠たるものである。……領民の「風俗」は素朴かつ誠実で狡猾さなどとは無縁である。……上杉氏が治める米沢藩は実に「天下の富強の国」というべきである。これは全く鷹山公の遺徳というものであろう。
>
> （『東北風談』）

肝付は、藩領の富・領民の「風俗」に感歎し、米沢藩を「天下の富強の国」と呼んで「鷹山公の遺徳」とともに高く評価している。鷹山没後三〇年に近い嘉永年間、米沢藩はこうして多くの人々に知られていたのだ。

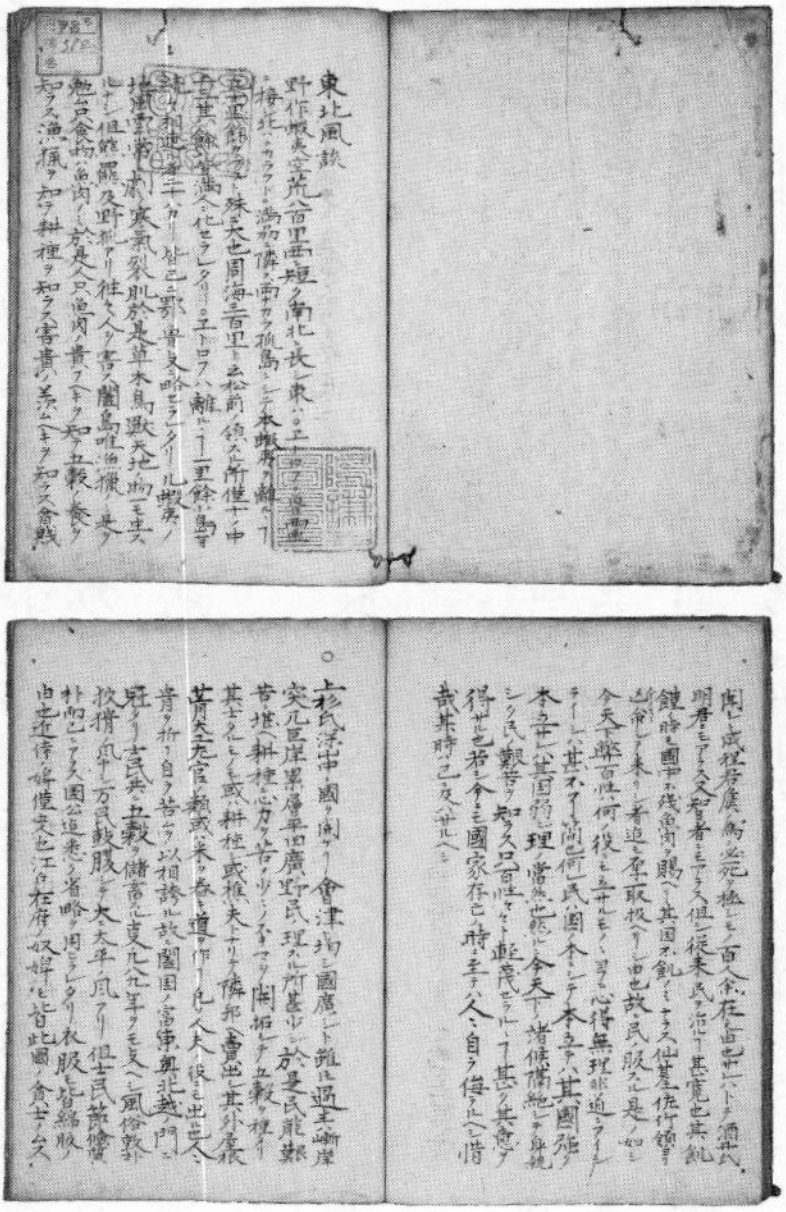
東北風談

図 5-1　肝付兼武『東北風談』（早稲田大学図書館蔵）

列強接近のなかで

序章でもあらかじめふれておいたように、米沢藩が「天下の富強の国」と呼ばれていたという、これまでほぼ見落とされてきた事実は、米沢藩について全く意外な印象をもたらしている。というのも、鷹山の改革以後、戊辰戦争以前の米沢藩について、私たちはあまり明確なイメージを持っていないのである。むしろ、欧米列強の脅威が目前に迫った段階で、軍事力・経済力の強化に成功し、幕末政局での発言力を高めたのは、長州・薩摩などの西南雄藩ではなかったのか。なぜ、戊辰戦争で敗者の側に回った米沢藩が「富強」と見なされたのだろうか？

加えて、「富強」という語が「富国強兵」とほぼ同義と言っていい語であることが、こうした疑念をいっそう高めさせる。繰り返すまでもなく、「富国強兵」の語は、国内の経済発展と軍事力強化を目指した明治期日本の国家目標を示す言葉である。その殖産興業政策、徴兵令や近代的軍事制度の採用による陸海軍の建設強化等々は、「富国強兵」「富強」のかけ声の下に国家的政策として推進された経済・軍事政策である。そうだとすればなおさら、米沢藩＝「富強」という評価は、今までの常識では理解しがたいことのように思われてくる。あるいは、上杉鷹山の改革やその後の米沢藩の歩みと、明治期以降に「富国強兵」が国家目標とされたこととの間には、何らかの関係があるのだろうか？

「名君」に対する評価

当然浮かび上がる問いなのだが、これまでの研究では、右のような評価の存在に全く注意を払ってこなかった。むしろ、鷹山の改革は、経済的後進性に規定されて改革意識が藩士全体のものとはならず、上からの強制にならざるを得なかった、という限界性や支配層の内部対立が研究史上注目されてきたのである。米沢藩をはじめとして「名君・賢宰」による改革を実施した藩が、幕末政治史において主導的な役割を果たさなかったのは、こうした事情によるというわけだ。鷹山の改革は、明治維新に至る過程と切り離されて理解されてきたように見えるのである。鷹山を経営・組織のリーダーとして新鮮な切り口で描き出す近年の「上杉鷹山モノ」も、改革の歴史的な位置づけ、という点では事情は全く変わらない。

だが、鷹山の改革とその後の米沢藩が高く評価され続けたこと、そればかりか明治期以降国家目標とされた「富国強兵」「富強」という観点から評価されたことは、決して見落とすべきではない事実である。いったい、幕末期にかけての人々は、鷹山の改革と米沢藩をどう見ていたのか？　それは、近世の政治と思想がどのように成熟・展開し、近代日本のあり方を規定したのかを問い直すことにもつながっている。

鷹山没後、幕末期にかけての米沢藩に対する人々の印象と評価を、藩外からの訪問者たちがのこした見聞記録を手がかりに検証してみよう。

秋田藩の関心

文化・文政期(一八〇四〜一八三〇)、米沢藩の北方に位置する出羽国秋田藩では、養蚕の奨励を中心とする殖産政策に力を注いでいた。日本史教科書では、「名君」佐竹義和による同藩寛政改革が米沢藩政改革と併記されているが、秋田藩は先行する米沢藩の改革政策に学ぶところが小さくなかった。後に仙北《せんぼく》郡の初代郡奉行や町奉行の役を勤めた秋田藩士石井子文《いしいしぶん》が、細井平洲からの書簡で「米沢学政」や鷹山による「仁政」の情報を得ていたのをはじめ(安永五年〈一七七六〉)、文政一三年(一八三〇)からは、米沢藩領山口村の桑苗木棟梁植木四郎兵衛《うえきしろうべえ》(一七八八〜一八七五)を招聘して、秋田藩領内を巡回させ、桑苗木の増殖に関する技術指導を行わせるなど、両藩の改革には直接・間接の結びつきがあったのである。なお、文化年間に郷村出役北村孫四郎の下で、宮内村での陶器生産を指導した志渡以中《しどいちゅう》は秋田の人である。

こうした中で、文政末年頃に米沢藩領を訪れた秋田藩士たちがいた。彼らは、米沢藩領の産業とそれがもたらす景観について強い関心を示し、その様子を見聞記録として残したのである。例えば、築地兵次《つきじへいじ》は『米沢政要録《よねざわせいようろく》』(文政一一年頃、秋田県立図書館)を著し、冒頭で鷹山隠居後の仕切料を元手にした桑栽培・養蚕奨励策について記述、「御領民の内、兼ねて樹木取り立て又は耕作巧者の者ども七人召し出され……養蚕御取り開き……」などと政策の内容を詳述している。

一方、同じ頃に米沢藩領を訪れた同藩士の『米藩見聞録《べいはんけんぶんろく》』は、「桑漆大木にて他領とは顕然に相分かり……城下近在まで……有用の諸木植込にて一切空地御座なく」と記す（『南陽市史』中巻）。この見聞録の著者は、米沢藩領内に植え付けられた桑や漆が大木に育っているさまが他藩領とは明らかに異なること、そうした有益な樹木が至る所に見られる景観に感嘆を覚え、記録として書き留めたのである。

農桑の隆盛と景観の美

米沢藩の藩領経済とそれを支える産業、もたらされる景観に感嘆の眼差しを向けたのは秋田藩士にとどまらない。幕末期にかけて米沢藩領を訪れた名のある学者・武士らは、競うようにこの地における農桑の隆盛と景観の美を記述・描写した。

秋田藩士たちの訪問から約一〇年後、藩主鍋島直正《なべしまなおまさ》の参勤交代に随従して江戸に出た際、直正の命を受けて牟田口《むたぐち》士寛《しかん》らと東北諸藩を遊歴した佐賀藩の平士永山徳夫《ながやまとくふ》（貞武《さだたけ》、一八〇二～一

図 5-2　桑の木

八四五）もその一人である。蝦夷地開拓の必要性を痛感した鍋島直正が、そのための下調査に永山らを派遣したとされるが、その際に通行した各地の様子をまとめた『庚子《こうし》遊草《ゆうそう》』（天保一一年）に、米沢藩領の産業や土地の様子を記録したのである。

　永山は、次のように言う。「藩領に入ると、桑・漆の樹林が整然と列をなし、田畑は開墾され、荒れた民家など一軒もない」（「入境則桑樹漆林、井々為列、田疇開墾、民屋無荒廃者」）、「土地は養蚕業に適していて、桑畑からの収益は水田稲作の二倍にもなり、多くの者が利益を求めて（転作して）いる」（「地宜蚕、桑樹之利倍於稲田、逐利者日衆」）と。永山もまた、桑・漆が整然と植え付けられ、よく手入れされた田地、一軒の廃屋も無い民家の様子を目にして、これを記録するに足るものと判断したのだ。加えて、桑畑からの収益が田の二倍にも及ぶとの指摘は、前章で紹介した天保二年の意見書『背曝』の見解とも一致している。永山の記述は、綿密な調べに基づいたものだった。

米沢藩領における桑栽培については、昌平坂学問所に学び飫肥《おび》藩校助教を経て江戸に私塾を開いていた安井息軒(一七九九〜一八七六)も言及している。天保一三年(一八四二)、会津藩領を経て米沢藩領に入った息軒は言う。「米沢藩では、人々が農桑の業に勤しみ、……土地は桑を植えるのに大変適していて、育った桑の葉の大きいこと、まるで巨人の手のひらのごとくである」(「米沢勤於農桑。……土最宜桑、葉大如巨人掌」『読書余適』)と。息軒は、適地に植えられた桑の成育の良さ、そしてそれをもたらす藩領農民の勤勉な働きに目を引かれるのである。

さらに、安井息軒とともに昌平坂学問所で松崎慊堂《まつざきこうどう》に師事し、水野忠邦らに仕えた塩谷宕陰(一八〇九〜一八六七)は嘉永二年(一八四九)、主君水野家の領地山形に向かう際、米沢藩を通行して次のように記している。「山間の田地の合間には漆や桑が植え込まれ、遊んでいる土地は一切ない。家々の娘たちは機を織り、村々の民家は潤っている。至る所に多くの米蔵がある。……庶民は怠ける暇もなく、男女とも農耕・養蚕に勤しんでいて、荒れ地などは全くなく、人々は豊かにくらしている。その富強のほどは東方に冠たるものである」(「山間田与圃。隙壊漆将桑。野無遊惰叟。戸有機杼娘。村村垣屋潤。到処多廒廩。……黎庶豈怠遑。男女務耕蚕。無尺地荒。厚生兼利用。富強甲東方」、「浴澤遺香」『宕陰賸稿』巻三)。塩谷宕陰は、この地では人々の「厚生」と「利用」が二つながらに実現しているとする。第四章で紹介した鷹山の「国富民豊」「義を利とする」という言葉とも通ずる認識である。そして塩谷は、そのさまを「富強東方に甲《かん》たり」と評価したのである。

かくて、一九世紀前半に飛躍的に発展した産業（養蚕・製糸業）とそれに従事する庶民の勤勉さ、それらを象徴する藩領の景観が、米沢藩＝「富強」という評価をもたらしていたのだ。

米沢藩士の農商的生活

ところで、「富強」が「富国」と「強兵」を意味する語であるとすれば、人々は米沢藩のどこに「強兵」を見出したのだろうか。この点、米沢藩見聞録の中には、米沢藩の軍事力の近代化とか軍制改革の実施といった内容を見出すことはできない。

見聞録の著者たちが注目するのはむしろ、農民や商人に近い米沢藩士のくらしぶりだ。彼らは、米沢藩士たちの農民的あるいは商人的な営為に着目し、しきりに称揚する。例えば、肝付兼武は、「武士たる者でも、ある者は農作業に従事し、ある者は木こりの業を為して薪を隣国まで売りに行く」という様子を記す（『東北風談』）。久留米藩士柴山典《しばやまてん》（一八二二〜一八八四）も、米沢藩の下級武士は笠を被って顔を覆い、麻や木綿の粗末な服に脇差のみで、大八車での運送や、商人・奴僕がするような仕事まで生業として行っていると指摘している（「蒻笠蔽面、衣短

褐、佩短剣、雖車力商賈奴僕之事、猶為之」『見聞漫録 米沢』弘化五年〈一八四八〉)。

もちろん、「士大夫」とも呼ばれた中上層の藩士の場合、そのくらしはこれとは相当に異なっている場合がほとんどだっただろう。しかし、その中上層にしても、ほとんどの家で養蚕・製糸・織物に携わっており、各家の敷地内の空いた場所には皆、桑が植えてあった(「士大夫之家、大率業蚕織絹、機声札々相響、其空隙地皆植桑」『庚子遊草』)。

こうした米沢藩士(特に下層の武士)の日常は、佐賀藩の永山徳夫が「平日農人に異なること無し」(『庚子遊草』)と述べたように、藩外からの訪問者にとっては、農民・商人と変わらないくらしに見えたのである。明治期に入ってからも、養蚕や肉体労働への従事が米沢藩士(の子孫)の生活や家計に大きな影響を及ぼしているという観察が記録されている(「米沢藩士ハ多ク米沢ニ居住シ、藩政中薄禄ニシテ、養蚕製絹ノ業ニ従ヒ、自然力食ニ慣ル。今ニ於テ尚ホ其業ニ従事シ、無産ノ輩少シ」我部政男編『地方巡察使復命書 明治十五年・明治十六年』上巻)。

藩士の「副業」と鷹山

右のような藩士のくらしぶりは、幕末期に突如広まったものではない。米沢藩寛政改革の目指す方向性を含んだ政策提言と評価されている藩医藁科立遠の『管見談』(寛政二年〈一七九〇〉)

は、次のように述べている（なお、立遠は七家騒動で処罰された藁科立沢の息である）。「貧窮に苦しみ、士人の心操幾何穢れし上に……金銀の借し方あるいは質借し等をして利を釣るもあり、細工物類・絹糸類の仕入をなすもあり、又商人になり担い物を駄送して他領へ出るもあり」と。寛政二年は鷹山が隠居して五年後、四〇歳の頃である。既にその時期から、米沢藩士たちの間には、細工物や絹糸類の仕入れ・販売に携わる者、商人のように藩外への物資の運送に従事する者が多く見られたのである。

藁科立遠は、その原因を藩士の「貧窮」に求めた上で、こうした営為を苦々しく記述している。このような藩士たちの営為については鷹山も、「年来の借り上げに家中衰弊せしめ候より、毎度、活生の事申し達し候続き、自然と利にも趨《はし》りやすく成り行き候事、勢いの自然とは申しながら残念なる事」と述べている（「仰示」文化元年〈一八〇四〉、『鷹山公世紀』）。鷹山は運送業等への従事にこそふれないが、家中の生活維持についての藩の申達が「利」を求めて武士にあるまじき業に携わる風潮を助長したとして、それを残念なことだとする見解を表明していたのだ。米沢藩士による農商的営為は、一八世紀末には広く見られたのだが、それには当初、批判的な視線が投げかけられていたのだった。

米沢藩士の身体

ところが、すでに見たように、幕末期にかけて米沢藩を訪れた観察者たちは、そうした藩士たちの農商的営為をむしろ非常に好意的に評価した。永山徳夫による記録をあらためて見てみよう。永山は、一六〇〇人余の小禄の在郷武士たちが、農業・手仕事・雇われ仕事に従事して自給の生活を送っていると指摘する。その姿が「農人に異なること無し」(『庚子遊草』)と彼の眼に映ったことにはすでにふれたが、永山はさらに次のように指摘している。米沢藩士たちは、平生農民と変わらないくらしを送っていることによって壮健・屈強な身体を持っており、それは汲み取るべきいにしえの風習なのだ、と(「小禄之士、住於山野者八団、団二百人余、耕耨雑作傭賃自給。……平日無異農人、是以健強士作之色見於面目、古風可掬」)。米沢藩士たちのくらしぶりは、幕末期にかけて、武士の気高さを失った行為としてではなく、むしろ、見習うべき身体的屈強さをもたらす営為として高く評価されるようになっていたのだ。

ここで思い起こされるのは、永山らが目にしていたであろう当時の一般的な武士の姿である。というのも、幕末から明治期にかけて日本を訪れた何人もの欧米人たちが、日本人の上層と下層との間に著しい肉体上の相違があることに着目しているからである。いくつか例を挙げよう。「下層階級は概して強壮で、腕や脚や胸部がよく発達している。上流階級はしばしば病弱である」(チェンバレン)、「下層の労働者階級はがっしり逞しい体格をしているが、力仕事をして筋肉を発達させることのない上層階級の男はやせていて、往々にして貧弱である」(スエンソン)、「平民……の力あふれる四肢は、ブロンズ彫刻のようで……」(メーチニコフ、以上、渡辺京二『逝きし世の面影』)。彼らのいう「上層階級」の中には、武士身分あるいはそこに出自する人々も少なくなかっただろう。

永山らが日頃接した武士たちの姿形も、個々人はともかく、傾向としては大きくは異ならなかったかもしれない。そうした中にあって、下級武士とはいえ、「健強」な米沢藩士たちの姿は、米沢藩の「強兵」「強国」ぶりを体現する存在に見えたのではなかったか。

「兵農合一」と徴兵制

このような米沢藩士たちのありようを興味深い言葉で表現したのが、さきにも紹介した塩谷宕陰である。塩谷は言う、米沢では「兵農」が一体となっている。刀を帯びながら早苗を腰に差し、役勤めをしながら労働を厭わず、身分の貴賤も忘れたかのようである。士大夫ですらそうである(「兵農合為一。帯刀挿青秧。執役不煩労。貴賤両相忘。……士夫猶如此」、「浴澤遺香」)。

塩谷の記述で最も注目されることは、米沢藩士たちのありようを「兵農合為一」すなわち

「兵農合一」と表現していることだ。言うまでもなく、江戸時代は「兵農分離」――武士と農民が身分的・空間的にはっきりと隔てられた時代だった。維新後に「四民平等」が掲げられ、そうした身分制が解消されていったことはよく知られるところである。そうだとすれば、「兵農合一」というのは、江戸時代の兵農分離制を身分的にも空間的にも解消しようとする方向性を持った考え方なのではないか。

このような推論に明確な根拠を与えるのが、徴兵制の実施に先立って出された『徴兵告諭』（明治五年〈一八七二〉）だ。『徴兵告諭』は、山縣有朋らによりまとめられ、国民皆兵の理念により徴兵制の採用を宣言した諭告である。現行の日本史教科書でも取り上げられてよく知られる史料だが、そこでは次のような説明がなされている。曰く、「我朝上古ノ制、海内挙《あげ》テ兵ナラサルハナシ。……役ヲ解キ家ニ帰レバ、農タリ工タリ又商賈タリ。……郡県ノ古ニ復ス……上下ヲ平均シ、人権ヲ斉一ニスル道ニシテ、則チ兵農ヲ合一ニスル基ナリ」と。兵農が分離していなかった古代日本では、皆が兵役を務め、一旦兵役が解かれれば、皆帰宅して元の農工商に戻って生活した。徴兵制はそうした制度に「復古」する施策であり、身分の上下を均して等しく人権を付与する方法で、「兵農合一」を実現する基である、というのである。「兵農合一」の語は、「兵農分離」を身分的にも空間的にも解消する意味を持ち、明治期以降の「富国強兵」

政策の根幹の一つである徴兵制の理念とされていたのである。

塩谷宕陰が「兵農合為一」と述べたのは、これを先取りするかのような発言である。否、単に先取りしたというばかりではない。『見聞漫録　米沢』(前出)を著した柴山典は、維新後に宮《み》谷《ざく》県(現千葉県)の知事となった際、県政の方針を論じて、「皆農兵業ヲ分カタズ、無事ナレバ則チ農、有事ナレバ則チ兵、天下ノ民皆兵皆農」という古来のあり方が王政復古により再び実現するのだと述べている(『一新確策』明治三年)。明治元年一一月に、柴山は、米沢で見聞した「伍什組合」の制度とよく類似する「伍什長制」の組立を管轄内に命じてもいる(以上、三浦茂一「明治初頭の直轄県における人民教化政策の推進」など)。柴山が王政復古による「天下ノ民皆兵皆農」を説いた際、その脳裏には「兵農合一」の米沢藩の姿が思い浮かんでいたのではなかったか。

対外的危機下の「富強」イメージ

このような鷹山の改革、米沢藩＝「富強」藩という理解・イメージは、近世後期の米沢藩の実態的な姿が根拠となって生み出されたわけだが、そうした「富強」藩イメージ創出の背景を十分理解するには、それを記録した人々がどのような問題意識から米沢藩を見つめたのか、という点もまた検討される必要がある。「富強」というのは、あくまで記録者たちの(主観的な)評価だからである。

この点で見落とせないのはやはり、本章冒頭に述べた一八世紀末以降の対外関係の緊迫である。欧米諸国の接近は、年を追うごとに現実的な脅威として切迫の度を深めていた。さきにふれた秋田藩も幕府に蝦夷地出兵を命じられているが(文化四年〈一八〇七〉)、諸藩ではそうした対外的危機をも念頭に置いて、いかに政治を構想していくかが問われ始めたのだ。こうした背景の下、対外的危機とそれを契機とする米沢藩見聞録が徐々に成立するようになっていったのである。

見聞録著者たちの問題意識

筑前国久留米藩校明善堂《めいぜんどう》助教から藩主有馬《ありま》頼徳《よりのり》の小姓となり、江戸で昌平坂学問所に学んだ同藩士村上量弘《むらかみかずひろ》(一八一九〜一八五〇)の場合を見てみよう。多くの鋭い政治意見書を著したことでも知られる村上は、天保一四年、水戸藩の会沢正志斎《あいざわせいしさい》から「夷蛮戎狄」への備えを意識して、諸藩の風俗・人情・君相・政蹟を見聞すべし、との言葉を贈られて(「天下を周流し……風俗の醇醨・人情の厚薄・君相の賢否・政蹟の得失、以て観るべく以て戒とすべし。……天下の形勢、山海の険夷、兵財の強弱贏縮、及び夷蛮戎狄の宜しく處はるべく備ふるべきは……」」、会沢正志斎「村上生を送る序」)、米沢等の諸国を巡歴し、『米沢会津見聞録』(内閣文庫)を著した。村上は、欧米諸国接近の脅威に対する備えを全国各地の現実を踏まえて構想するという目的を意識して、米沢での見聞を記録したと言える。

先述の塩谷宕陰もまた、似通った問題意識を抱いていた。塩谷が対外的危機に対する問題意識を深めていたことは、大国清が欧米諸国に敗れたアヘン戦争に衝撃を受け、対策を求める政治論を度々著したことに表れている(徳田武「塩谷宕陰年譜稿」)。塩谷の米沢訪問は、まさしくそうした危機意識が高まった中でのことだったのである。繰り返すと、佐賀藩の永山徳夫が『庚子遊草』を著したのは蝦夷地調査を命じられてのことであったし、柴山典は、尊王攘夷派として国事に奔走し、蝦夷地に渡り『見聞漫録　蝦夷』を著した人物でもあった。

こうして幕末期にかけて、新たな角度から光を当てられた上杉鷹山と米沢藩は、対外関係の緊迫から重要な政治課題に浮上していた「富強」化を実現した藩として描き出され、記録化されていくことになったのである。

2　高まる名声とその広がり

米沢藩政に学ぶ上山藩

柴山典は米沢見聞行の際、その北方に位置して藩領を接する出羽国上山《かみのやま》藩に足を延ばし、そこである上山藩士と交流を持ったという。その上山藩士は柴山に対して、「我が藩も米沢藩にならって領民に恵政を施したいのです」と語ったといい、「米沢の風教」は隣国にまで及んでいるのかと柴山は受けとめた（「余遊于上山、質之其藩士某、某曰、米澤実然、我国亦欲傚之恵之……米澤之風教、及隣国者乎」『見聞漫録　米沢』）。幕末期、米沢藩に対する評価は、単なる名声というにとどまらず、現実政治の上で学ぶべきものと見なされていたことになる。

そこで、幕末期の上山藩で活躍した人物を調べていくと、実際に上杉鷹山を尊崇し、米沢藩に習った藩政改革を推進した人物の存在が浮かび上がってくる。江戸で昌平坂学問所に学び、上山藩校明新館《めいしんかん》塾頭などを経て、万延元年（一八六〇）には側用人となり、内外の情勢に応じて藩政を取り仕切ったことで知られる金子与三郎《かねこよさぶろう》である。

その金子は元治元年（一八六四）八月、上山藩の意向をうけて仙台・米沢両藩と「談判」に及んだことがある。その席上、金子が発言した次のような言葉が記録に残されている。「弊藩にては近年、鷹山公の制度を模写し、右規則に法り弊風一新仕り候処……窮屈を厭い候につき、何事も米沢にては斯様斯様執り行うと申す義を以て、下々を圧服致させ置き候」(栗原伸一郎『戊辰戦争と「奥羽越」列藩同盟』)と。上山藩では(鷹山が定めた)米沢藩の制度をそのまま同藩に移植し、実際に運用する際にも、窮屈な制度だと忌避する領民に対して、米沢ではこうこう行っているのだと説き聞かせて服させたというのである。

鷹山への崇敬ぶりがうかがわれるが、上山藩が実際に米沢藩に学んで立案・実施したと考えられる施策として「教導方」(「教導役」)の創設をあげることができる。これは、六つに分かれた領内の各郷に一人ずつ派遣して、民生の教導にあたらせるというもので、米沢藩の郷村出役制度を模したものと推定される。

米沢藩に学んだ「教導方」の制度が、上山藩領民にとっては「窮屈」なものに映じたというのは興味深いが、そうした制度の創設・運用も、藩外の学者から見れば、高く評価されるべきものだった。例えば、金子と親交のあった学者の一人である安井息軒(『読書余適』については前述)は金子宛書簡で、「六ヶ郷教導役面白く候」と賛同と期待を寄せているのである。米沢藩の制度の移植という試みは、上杉鷹山・米沢藩を高く評価していた安井息軒らの学者にとっては、それ自体、高く評価されるべき事柄だったのである。

米沢藩政の輿論化

安井息軒は、上杉鷹山と米沢藩について、「その政績に至りては、府朝これを賞し、輿人これを誦す」（原漢文）と指摘している。鷹山（米沢藩）の治績は、幕府に賞されて、多くの人が諳んじているほどだというのだ。息軒は、「鷹山公……祖業を振起し、皆倹素を以て国を立て、流風善政、奉守して敢えて失わず」（『読書余適』）として、上杉鷹山の「善政」を高く評価した人だったが、それは息軒にとどまるものではなく、多くの人が即座に思い起こすほど、知れわたっていたというのである。

幕府からの褒賞については、「近来、三代打ち続き国政よろしき段、将軍家の御聴に達し御賞……日本国中の規模成るべし」（『奥羽政体評判秘録』天保年間）と言われたように、鷹山とその後の米沢藩主が賞されたことで、米沢藩の「国政」は、全国諸藩の「規模」（模範）だと見なされるようになっていた。

こうした状況について米沢藩士甘糟継成《あまかすつぐしげ》は、『鷹山公遺蹟録』（文久二年〈一八六二〉）で、「寛政以来、御治声高く、諸藩より来て、法を取る者多し」と記している。鷹山と米沢藩政の名声が高まり、諸藩から視察に訪れる者が多数にわたったというのである。

江戸時代、「法を取る」(一国の法・制度や政策を学び取りに来る)者が多いことは、訪問される側にとって大変栄誉なことだと考えられていた。例えば、蛮社の獄などで知られる渡辺崋山《わたなべかざん》は、三河国田原藩(三万石)の家老として同藩を改革し、法を取られる対象になりたいという意気込みを表明したことがある(華山については、矢森小映子「天保期田原藩における「藩」意識の諸相」など)。福岡藩儒亀井南冥《かめいなんめい》も、熊本藩に「法を取り」に来る者があることは同藩の善政と藩主細川重賢の「明君」ぶりを証明すると指摘している(『肥後物語』)。

「諸藩より来て、法を取る者多し」と記述されたことは、鷹山と米沢藩が多くの人々の関心を集めるとともに、その政治が高く評価されていたことをはっきりと示しているのである。

幕末にかけて米沢藩政への高い評価を浸透させる要因の一つとなったのが、昌平坂学問所である。ここまで取り上げてきた赤崎海門・古賀精里、さらには安井息軒・塩谷宕陰・村上量弘・金子与三郎・林鶴梁ら、鷹山・米沢藩を高く評価した人々の多くが、昌平坂学問所に学び、あるいは教授する経験を持っていた。塩谷宕陰が米沢藩領に赴いた際、細井平洲らの「吏才」「文才」を詠じつつ、米沢藩校を訪問したことなどは(「浴澤遺香」)、米沢藩の見聞にも学問所を通じて形成されたネットワークが活かされたことを示している。彼らの影響は極めて大きかったと考えて間違いない。

政治論の基準

こうして幕末期に政治を論じるほどの人々にとって、米沢藩政は政治論議の際の基準となっていった。この点、水戸藩の小宮山南梁は安政三年(一八五六)、「今、政を言えば、首《はじ》めに米沢を推す」(『翹楚篇』奥書、京都大学附属図書館所蔵)と指摘している。幕末期に政治を論じる際には、まず第一に米沢藩政が取り上げられ、推奨されるという状況が現出していたのである。

幕末期の政治的・思想的な活躍で知られ、『国是三論』で「富国強兵」を説いた熊本藩士横《よこ》井小楠《いしょうなん》(一八〇九〜一八六九)も、鷹山を高く評価した一人だった。小楠は、「鷹山公に比類仕り候人は真以て見当たり申さず、先ず此の公は和漢独歩と存じ奉り候」として、和・漢の歴代の君主と並べても比肩する者がないとまで述べて鷹山を称揚するのである。横井小楠とも深い関係にあった熊本藩の家老長岡監物《ながおかけんもつ》が、「関の東しに、其名高く聞へさせ給ひし上杉治憲のおほむ筆の跡を集めし『南亭余韻』」と述べて、その抜粋を作成し、細川家の世子らに献じて「人君」教育に用いたのも、鷹山・米沢藩の評判が実践的な意味で広く受容されていたことをよく示しているといえるだろう。

3 「富国強兵」を問い直す

米沢藩・鷹山像の影響力

以上に見てきたような、上杉鷹山の改革以来の米沢藩政に対する評価を、私たちはどのように理解すればよいのだろうか。あらためて整理してみよう。

第一に指摘できるのは、幕末期にかけての米沢藩が、「富強」「富国強兵」「兵農合一」「復古」などの(明治期以降に重要な意味を持った)理念の実現例として、多くの人々に思い描かれていたのではないかということである。柴山典の例を思い起こせば、「天下の富強の国」米沢という認識は、少なくとも維新期の為政者層・官僚層の意識と行動に小さくない影響を及ぼしたと見ることができそうである。

上杉鷹山は、そうした米沢藩の「富強」実現の基本となる改革政治を実施した有徳藩主と見なされ、「明君」として評価され続けたのだと言える。明治四二年(一九〇九)に伊藤博文は、「我が日本封建時代、名君の誉を馳する者四人、紀州南龍公、備前新太郎少将、肥後の霊感公及び上杉鷹山公是れなり。……天樹院公の明賢……加へて以て天下の五名君と称す可し」と述べたとされる(大久保鐵作『天樹院佐竹義和公』)。近世中後期に、紀州藩主徳川頼宣、岡山藩主池田光政、熊本藩主細川重賢らとともに、上杉鷹山の明君像が広く浸透したことは(秋田藩主佐竹義和については明治末年から「明君」化が進んだか)、長く政治に携わる人々に影響を与え続けたのである。

近代日本の政治文化と上杉鷹山の改革

こうして、上杉鷹山とその改革は、幕末期にかけて人々が政治を論ずる際の最も重要な参照軸の一つとされ、そこに「富強」「兵農合一」「復古」「仁政」などの理念が投影されていった。近年の研究では、(政治体制の大きな変化を経ながらも)一九世紀を通じて「同じような通念・常識が通用している」ことが明らかにされつつある(若尾政希「近世後期の政治常識」)。このことも踏まえて言えば、上杉鷹山・米沢藩を取り上げて行われた人々の議論は、近代日本の政治文化──理念や君主像・人間像、政治論の文法や質──を、近世の側から準備していく役割の一端を担うことになったように思われるのである。

これは例えば、自らの衣食を省いて資金を捻出し、養蚕業の発展に尽くしたという、近世後期の見聞録・明君録でたびたび取り上げられた鷹山の逸話が、伝記類や検定修身教科書(例え

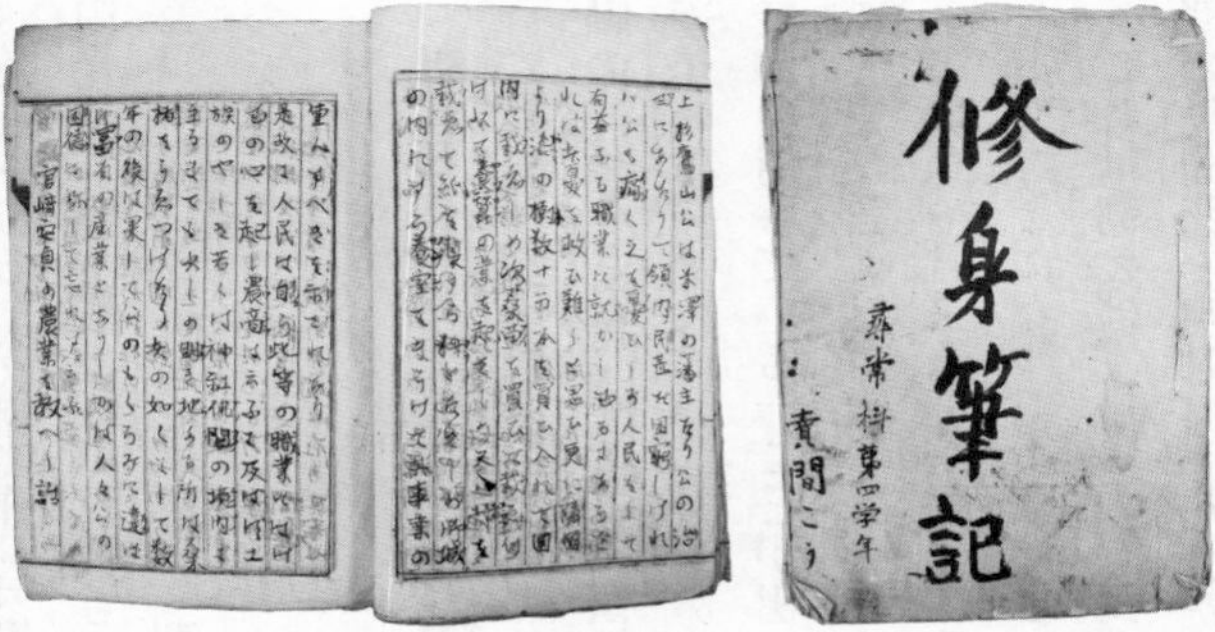
図 5-3　尋常科第四学年「賣間こう」の修身ノート（米沢市上杉博物館蔵）．桑苗木下げ渡しの逸話について，教師の講話を記している

ば、小山左文二・古山榮三郎『修身教本高等小学校用』明治三二年）に取り入れられ、その後、明治三八年からの国定修身教科書にも採録されて広く知られるようになったことにも窺える。

このように近代日本における政治理念や君主像・人間像のあり方につながる議論の醸成を促したところに、上杉鷹山という「明君」の登場と米沢藩の改革が持った一つの意義があると言えるだろう。それは、幕末維新期にかけての動きが高く評価されてきた西南雄藩に対して、米沢藩の改革が持った歴史的意味の一つでもあった。

江戸の富国論は明治の富国強兵論に直結するか

一方で、そうした政治理念の一つである「富国強兵」という標語は、単純な評価を許さない言葉でもある。「富国強兵」は、明治期の日本が近代化を目指して進めた国づくり――欧米諸国に追いつくために、工業を盛んにし、強い軍隊を持つこと――のための諸施策を象徴する言葉として、小学校社会科の教科書にも大きく取り上げられている。富岡製糸場等を取り上げた近代的な工業の開始や、身分制の廃止をも含意する上述の『徴兵告諭』など、「近代的」の語の多用とも相まって、教科書の紙面から受ける印象は比較的明るい。だが、急速な改革による不満の生起が小学校の教科書でも指摘されているように、「富国強兵」策は、国内外の人々に大きな犠牲を強いる面を持った政策である。そして言うまでもなく、近代日本が行った侵略戦争と密接不可分でもある。

米沢藩＝「富強」藩という評価は、果たして、そのような「富国強兵」論に直結していくものなのだろうか？

居民皆潤

このような問いを踏まえてあらためて米沢藩見聞録を見た時に浮かび上がるのが、米沢藩を「富強」と評価した著者らが一様に、藩領の町村に居住する領民の生業とくらしに目を向けていたことである。彼らは次のように記している。「荒廃した民家は無く……領内に極貧の者はなく、みな質実に暮らしている。行く先々に蔵が見え、一〇里の行程で、空き家はわずかに二、三軒見かけたのみである」(永山徳夫『庚子遊草』)。「一人として飢え凍える者はなく、米沢は大変豊かである」(安井息軒『読書余適』)。「村々の屋敷は潤い、至る所に多くの蔵がある。勤倹なる長者の里であり、淳く盛んな君子の郷である」(塩谷宕陰「浴澤遺香」)。「宿駅・村里を問わず、民は豊かで一軒の廃屋も見当たらない」(林鶴梁「米澤紀行」、以上原漢文)。

見聞録の著者たちにとって、「国民」(藩領民)のくらしが潤っているかどうかということこそ、藩を評価する上で極めて重要な判断基準だったのだ。このことは、近代日本の「富国強兵」策が、経済力・軍事力で欧米諸国に追いつくことを目的とした国家本位の政策として説明されるのと、実に対照的ではないか。

近世の「富国」論

このように見てくるとあらためて思い起こされるのは、本書でここまで論じてきたように、近世の「富国」(「富国強兵」「富国安民」)論が「民利」を重要な基準とした議論だったことである。

そもそも、近世日本で「富国強兵」概念使用の端緒を開いた太宰春台は、「富国強兵」の語に言及した条で、「人民の用に立ち、国の利となる」、「人民の利となり、国の宝となる」、「民富めば国も富む」と述べていた。春台は、ともすれば力に訴える支配者による重刑・重税の統治の象徴とされた「富国強兵」概念を使用しながらも、「人民の利」「民富」を「国富」に先立つものとする観点を保持していたのである。

米沢藩にとどまらず、江戸時代の「富国」論の多くは春台と同じ観点から書かれている。例えば、広島藩の執政堀江典膳は、「富国の要は地力を尽くすことを第一と致し候」(郡奉行宛「御山方内考之趣意書」文化六年〈一八〇九〉)としつつ、「尺地も残さず土地相応の樹を植える事……上に利することなく下ばかり利するとも是御国益也」と言っている。堀江は、民の経済的利益さえ実現されれば、それこそが「国益」だと述べているのだ。鹿児島藩諸木仕建掛山元藤助の「御上は地面を諸人へ宛行《あてが》い置かれ、その利を下へ下され、相当の御年貢相納め候えば、……尽地力、富国の端」(慶応元年〈一八六五〉五月の上申書)という見解も、民の経済的利益を基本として「富国」を構想しようとしたものと言えるだろう。

「富国安民」論のゆくえ

さきにふれたように、和漢に比類ない君主として上杉鷹山を高く評価し、幕末に活躍した横井小楠も、武士・領民の「利」をくくり取る「聚斂の利政」により「官府を富ます」ことを目的とした藩の施政を強く批判して、「士民を富ますの道」こそが「聖人治国の道」なのだと説いて、「法度諸政を富国の道に改正」すべきだと主張している。小楠は、国家財政の再建を優先させる「富国」論を批判し、「官府を富ます」のではなく「士民を富ますの道」を基本とする「富国」概念を提唱したのだ。

『国是三論』で「富国強兵」を唱えた際にも維持された小楠の見解は、近世の政治の現実が一面では国家利益の追求に突き進むなか、「富国安民」論が「民利」の重視を本質とするものだったことをよく示しているといえよう。このような「富国安民」の理想を、現実政治の上でも体現したのが上杉鷹山の改革なのだ。本章でみてきたように、幕末にかけて、米沢藩に関心を寄せた人々は、上杉鷹山の改革をそう見ていただろう。

こうした理想は、近代以降、どのように引き継がれたのだろうか。一つだけ例をあげておけば、明治期の報徳運動の指導者岡田良一郎《おかだりょういちろう》は、「仁徳」に基づく「富国安民」の責任を天子に求め、海外武力侵略ではなく「徳」を推し広めることで世界の繁栄と平和の実現を構想している。国家による福利策を前提に民衆の主体的努力を説く二宮尊徳の思想を受け継ぐことで、国民生活の犠牲の上に富国強兵を進めて海外侵略を図るのとは異なる、「富国安民」論的な国家構想が描かれているのである(大藤修『近世の村と生活文化』)。ここに、近代以降の「富国安民」

論の一つの方向性を見てとることが許されよう。

人民のため

最後に、鷹山の改革と思想に関わる発言を一つだけ紹介しておこう。『翹楚篇』の写本を入手して鷹山と米沢藩の改革にも目を向けていた、備中国岡田藩（一万石余）家老浦池潜《うらいけせん》（左五郎《さごろう》、九淵《きゅうえん》）の言葉である。浦池は、会津藩士との会見の中で（文化四年）、「人民の利」を吸い上げようとする幕藩領主本位の経済政策を厳しく批判し、「領主の為にするハ私ニて、民の為にするハ公」なのだと述べている（一柳直陽《ひとつやなぎなおはる》『見ぬ世の栞《しおり》』会津図書館）。

戦前の日本では「滅私奉公」という言葉がしきりに用いられた。自己を犠牲にして国家のために尽くすべきだという意味合いで頻用されたのである。浦池潜の言明は、これと見事に対照的な意味合いを持つ見解だということができるだろう。幕藩国家・領主は、「人民の利」を保障して初めて「公」たりうるのだ。近世後期はそのような主張が展開された時代だったのである。

ここまで読み進めていただいた読者は、「国家人民の為に立たる君にして、君の為に立たる国家人民には無之候」という、「伝国の辞」における鷹山の言葉を思い起こされるに違いない。

小藩から養子入りした当主として上杉の「御家」(「国家」)のために尽くす姿勢を示しながらも、「人民のため」の君主であるという考えを深く内面化していたことを示す鷹山の言葉である。上杉鷹山は、まさしく「民の為にするハ公」という精神を体現しようとした、近世の「明君」と見ることができるだろう。

鷹山が掲げた「富国」(経済)と国民の生活、さらに言えば平和と軍事は、現代に至るまで一貫して議論の焦点であり続けている。「富国」の政治課題化の始点に位置して、「富国安民」を追求した上杉鷹山の改革は、近代日本が採用した「富国強兵」の国家構想とは一線を画すものとして、現代の私たちに多くの問いを投げかけているのである。

参考文献

池田成章編『鷹山公世紀』(吉川弘文館、一九〇六年)
井手英策・松沢裕作『分断社会・日本――なぜ私たちは引き裂かれるのか』(岩波書店、二〇一六年)
稲葉継陽・今村直樹編『日本近世の領国地域社会――熊本藩政の成立・改革・展開』(吉川弘文館、二〇一五年)
殷　暁星「近世日本の清聖諭受容と民衆教化」(『歴史評論』八二四、二〇一八年)
上杉博物館『上杉鷹山――改革への道』(米沢市上杉博物館、二〇〇四年)
大石　学「享保改革と社会変容」(同編『享保改革と社会変容』吉川弘文館、二〇〇三年)
大久保鐵作『天樹院佐竹義和公』(大久保鐵作、一九一六年)
大藤　修『近世の村と生活文化――村落から生まれた知恵と報徳仕法』(吉川弘文館、二〇〇一年)
小川和也『牧民の思想――江戸の治者意識』(平凡社、二〇〇八年)
荻慎一郎「中期藩政改革と藩「国家」論の形成――米沢藩の明和・安永改革をめぐって」(『歴史』五一、一九七八年)
荻慎一郎「上杉鷹山の登場」(横山昭男編『上杉鷹山のすべて』新人物往来社、一九八九年)
勝又　基『孝子を訪ねる旅――江戸期社会を支えた人々』(三弥井書店、二〇一五年)
金森正也『藩政改革と地域社会――秋田藩の「寛政」と「天保」』(清文堂出版、二〇一一年)
我部政男編『地方巡察使復命書　明治十五年・明治十六年』上巻(三一書房、一九八〇年)

神谷正男『産語』（明徳出版社、一九九七年）
岸本美緒『風俗と時代観』（研文出版、二〇一二年）
鬼頭　宏『日本の歴史19　文明としての江戸システム』（講談社、二〇〇二年）
倉地克直『全集日本の歴史11　徳川社会のゆらぎ』（小学館、二〇〇八年）
栗原伸一郎『戊辰戦争と「奥羽越」列藩同盟』（清文堂出版、二〇一七年）
小関悠一郎『〈明君〉の近世――学問・知識と藩政改革』（吉川弘文館、二〇一二年）
小関悠一郎「明君像の形成と「仁政」的秩序意識の変容」（『歴史学研究』九三七、二〇一五年）
小関悠一郎『上杉鷹山と米沢』（吉川弘文館、二〇一六年）
小関悠一郎「江戸時代の「富国強兵」論と「民利」の思想」（『日本歴史』八四六、二〇一八年）
杉原　謙『莅戸太華翁』（杉原謙、一八九八年）
須田　努「江戸時代の政治思想・文化の特質――「武威」「仁政」のせめぎ合いと「富国強兵」論」（趙景達編『儒教的政治思想・文化と東アジアの近代』有志舎、二〇一八年）
大乗寺良一『郷土遺聞　鶴城史講』（米沢市役所、一九五四年）
大乗寺良一『平洲先生と米沢』（平洲先生と米沢刊行会、一九六三年）
大松博文『おれについてこい！』（講談社、一九六三年）
竹内　誠『大系日本の歴史10　江戸と大坂』（小学館、一九八九年）
田尻祐一郎『太宰春台・服部南郭』（明徳出版社、一九九五年）
辻本雅史「幕府の教育政策と民衆」（辻本雅史・沖田行司編『教育社会史』山川出版社、二〇〇二年）
遠山茂樹『明治維新』（岩波書店、一九五一年、のち岩波文庫、二〇一八年）

徳田　武「塩谷宕陰年譜稿」(『江戸風雅』一四、二〇一六年)
中津川村史編纂委員会編『村史なかつがわ』(中津川村史編纂委員会、一九六〇年)
奈良本辰也『改訂増補 近世封建社会史論』(要書房、一九五二年)
奈良本辰也校注『日本思想大系38 近世政道論』(岩波書店、一九七六年)
南陽市史編さん委員会編『南陽市史』中巻(南陽市、一九九一年)
南陽市史編さん委員会編『南陽市史編集資料』三・四五〜四七(南陽市、一九八〇・二〇一六〜二〇一八年)
イザベラ・バード(金坂清則訳注)『完訳日本奥地紀行』2(平凡社東洋文庫、二〇一二年)
林　基『国民の歴史16 享保と寛政』(文英堂、一九七一年)
速水　融『近世日本の経済社会』(麗澤大学出版会、二〇〇三年)
深谷克己『深谷克己近世史論集』第二集(校倉書房、二〇〇九年)
藤沢周平『漆の実のみのる国(上)』(文藝春秋、一九九七年)
藤田　覚『松平定信――政治改革に挑んだ老中』(中公新書、一九九三年)
藤田　覚『近世の三大改革』(山川出版社、二〇〇二年)
藤田　覚『田沼意次――御不審を蒙ること、身に覚えなし』(ミネルヴァ書房、二〇〇七年)
藤田貞一郎『近世経済思想の研究――「国益」思想と幕藩体制』(吉川弘文館、一九六六年)
前田　勉『近世日本の儒学と兵学』(ぺりかん社、一九九六年)
三浦茂一「明治初頭の直轄県における人民教化政策の推進」(『千葉いまむかし』一二、千葉市史編纂委員会、一九九九年)
宮澤誠一「幕藩制イデオロギーの成立と構造――初期藩政改革との関連を中心に」(『歴史学研究』別冊、一九七

三年）
宮地正人「幕末の鹿児島藩と情報収集」（『黎明館調査研究報告』第一一集、一九九八年）
八鍬友広『近世民衆の教育と政治参加』（校倉書房、二〇〇一年）
安丸良夫『日本の近代化と民衆思想』（青木書店、一九七四年、のち平凡社ライブラリー、一九九九年）
山形県編『山形県史』資料篇16（山形県、一九七六年）
山田龍雄ほか編『日本農書全集』一八（農山漁村文化協会、一九八三年）
山本英二『慶安の触書は出されたか』（山川出版社、二〇〇二年）
山本義隆『近代日本一五〇年』（岩波新書、二〇一八年）
矢森小映子「天保期田原藩における「藩」意識の諸相――家老渡辺崋山の凶荒対策を中心に」（『日本歴史』七八二、二〇一三年）
横田冬彦『日本の歴史16　天下泰平』（講談社、二〇〇二年）
横田冬彦『日本近世書物文化史の研究』（岩波書店、二〇一八年）
横山昭男『上杉鷹山』（吉川弘文館、一九六八年）
吉武佳一郎「「名君」たちの虚像と実像をめぐって」（青木美智男・保坂智編『争点日本の歴史』五・近世編、新人物往来社、一九九一年）
吉永昭・横山昭男「国産奨励と藩政改革」（『岩波講座日本歴史』近世3、一九七六年）
米沢市史編さん委員会編『米沢市史』第二・三巻（米沢市、一九九一・九三年）
マーク・ラヴィナ（杉岳志訳）「近代化、近代性と名君像の再検討」（『歴史評論』七一七、二〇一〇年）
若尾政希『「太平記読み」の時代――近世政治思想史の構想』（平凡社、一九九九年、のち平凡社ライブラリー、

二〇一二年）
若尾政希「近世後期の政治常識」（明治維新史学会編『明治維新と思想・社会』有志舎、二〇一六年）
渡辺京二『逝きし世の面影』（葦書房、一九九八年、のち平凡社ライブラリー、二〇〇五年）
渡辺尚志『百姓の力――江戸時代から見える日本』（柏書房、二〇〇八年）
渡辺　浩『近世日本社会と宋学』（東京大学出版会、一九八五年）

上杉鷹山略年表

	歳	事　項
宝暦 1 (1751)	1	7月 高鍋藩主秋月種美二男として誕生.
宝暦 5 (1755)	5	前年の凶作により大飢饉, 被害11万石余. 5月 米沢城外南原の下士, 李山村・関村の窮民を煽動して城下町に乱入.
宝暦 7 (1757)	7	3月 奉行平林正相罷免, 竹俣当綱300石削禄.
宝暦 9 (1759)	9	3月 上杉重定の養子に内約.
宝暦10(1760)	10	6月 世子に定まる. 北条郷青苧騒動. 8月 秋月家一本松邸から上杉家桜田邸に移る.
宝暦11(1761)	11	8月 竹俣当綱, 江戸家老となる. 11月 重定, 江戸で細井平洲の講談を聴聞.
宝暦12(1762)	12	5月 森平右衛門, 郡代所を設置し頭取となる.
宝暦13(1763)	13	2月 竹俣当綱ら, 二之丸会談所で森平右衛門を殺害する.
明和 1 (1764)	14	11月 桜田邸において細井平洲の初講談をうける. この年, 幕府への領知返上を画策するも中止.
明和 2 (1765)	15	11月 竹俣当綱, 奉行(家老)となる.
明和 3 (1766)	16	7月 元服, 従四位下・弾正大弼に叙任され, 治憲と改名.
明和 4 (1767)	17	4月 家督相続, 第9代米沢藩主となる. 8月 春日社に誓文奉納. 9月 藩士に10年間の大倹執行を命じる(明和・安永改革開始).
明和 5 (1768)	18	1月 莅戸善政・木村丈八, 鷹山の近侍を罷免され米沢に戻る.

明和 6 (1769)	19	8月 藁科松伯死去．幸姫と婚礼の典．10月 米沢に初入部を果たす．幕府より西之丸御手伝普請を命ぜられる．
明和 7 (1770)	20	6月 お琴(後のお豊)の方を側室とする．
明和 8 (1771)	21	5月 細井平洲を初めて米沢に招く．8月 旱魃により御堂・愛宕山にて雨乞い祈願．12月 郷村頭取・郡奉行を設置，「郷村勤方心得」を発布．
安永 1 (1772)	22	2月 江戸大火により桜田・麻布両邸が焼失．3月 城西遠山村において，勧農と豊饒を祈願するための農耕儀礼である籍田の礼を行う．5月 江戸藩邸再建のため藩士手伝いにより材木を伐採(以後，安永4年まで「御手伝忠信道」実施)．9月 郷村出役を設置．
安永 2 (1773)	23	6月 奉行千坂対馬ら重臣7人，改革政策の撤回・竹俣当綱らの罷免を求め強訴(七家騒動)．莅戸善政「遺書」を記す．
安永 3 (1774)	24	この年，初めて藩の「会計一円帳」を作成．3月 莅戸善政，意見書を呈す．6月 北寺町に備籾蔵を新設．7月 莅戸善政，再度上書．9月 三谷家手代喜左衛門を米沢に招く．
安永 4 (1775)	25	9月 樹芸役場を設置し，漆・桑・楮の各100万本の植立に着手．
安永 5 (1776)	26	3月 渡部浅右衛門，郷村出役となる．4月 学館(興譲館)再興．8月 細井平洲，再び米沢来訪，学制を制定．11月 越後小千谷より縮師を招く，縮役場設置．
安永 6 (1777)	27	2月 細井平洲，小松・米沢で百姓・町人に講話．8月 川井小路に義倉建設．
安永 7 (1778)	28	4月 今成吉四郎・蓬田郁助『農政全書国字』を著す．

天明 2 (1782)	32	10月 奉行竹俣当綱を押込隠居に処す.
天明 3 (1783)	33	11月 莅戸善政隠居. この年, 大凶作により被害11万石余. 備籾蔵, 義倉より払米.
天明 4 (1784)	34	8月 備荒貯蓄20ヶ年計画を定める. 断食して御堂に籠もる.
天明 5 (1785)	35	2月 隠居し, 治広家督. 治広に対し「伝国の辞」を贈る. 9月 三の丸隠殿(餐霞館)に移る.
天明 7 (1787)	37	4月 樹芸役場・郷村出役廃止. 8月 実父秋月種美看病のため出府. 9月 将軍家斉より在職中の善政を賞される.
寛政 1 (1789)	39	11月 莅戸善政『翹楚篇』成る.
寛政 2 (1790)	40	6月 莅戸政以, 世子顕孝の傅役となる. 10月 中条豊前出府し国政大改革を治広に進言. この年, 藁科立遠『管見談』を呈す.
寛政 3 (1791)	41	1月 莅戸善政を中老に任ずる(寛政改革開始). 3月 莅戸『総紕』を立案, 大手門前に上書箱設置. 11月 博奕死刑制を弛め, 徒罪, 欠所などに改める.
寛政 4 (1792)	42	8月 郷村出役再設置. 11月 国産所・蚕桑役局設置. 手許金50両・銭50貫を下賜して養蚕を奨励. 諸士二三男の土着奨励.
寛政 5 (1793)	43	4月 竹俣当綱死去. 11月 医学館好生堂を設立.
寛政 6 (1794)	44	閏11月 莅戸善政, 奉行となる.
寛政 7 (1795)	45	6月 黒井堰完成. 赤湯村鍋女禁止.
寛政 8 (1796)	46	9月 細井平洲三たび米沢訪問.
寛政 9 (1797)	47	11月 異国船防備のため3カ年の大倹約令を出す.
寛政11(1799)	49	7月 飯豊山穴堰の工事始まる.
享和 1 (1801)	51	2月 農民・町人の「伍什組合被仰出書」を印刷頒布し制度を布達.
享和 2 (1802)	52	3月 飢饉時の糧となる野草類を解説した

		『かてもの』を版行し町在に頒布.
享和 3 (1803)	53	12月 莅戸善政死去.
文化 1 (1804)	54	2月 北村孫四郎，郷村出役に任じられ北条郷に赴任. 莅戸政以，奉行となる(“第三の改革”開始). 11月 北村孫四郎『冬細工之弁』執筆.
文化 2 (1805)	55	1月 今成吉四郎，郷村出役に対して農事教諭を実施. 北村孫四郎，『冬細工之弁』を『北条郷農家寒造之弁』と改め写本を配付. 3月 莅戸政以『子愛篇』執筆. 4月 金山村百姓111名を表彰. この年，今成吉四郎『農事常語』を著す.
文化 3 (1806)	56	2月『養蚕手引』を版行し希望者に頒布. この年，幕府儒官古賀精里を世子師範とする.
文化 4 (1807)	57	12月 専売制をめぐる青苧一件で服部豊山・神保蘭室らを処分.
文化 9 (1812)	62	9月 治広隠居，斉定家督.
文化 13(1816)	66	8月 奉行莅戸政以死去.
文政 5 (1822)	72	3月 鷹山死去.
天保 2 (1831)		7月 服部豊山『餐霞館遺事』成る.『背曝』成る.
天保 7 (1836)		4月 幕府，治憲・治広・斉定三代にわたる米沢藩の治績を表彰.

図表出典一覧

口絵，第 2 章扉……写真提供：上杉神社
巻頭図(米沢藩領，主要職制)……横山昭男『上杉鷹山』327 頁，181 頁をもとに作成
図 0-1……写真提供：お茶の水女子大学図書館
第 1 章扉……国立公文書館デジタルアーカイブ
図 1-1……写真提供：米沢市観光課
図 1-2，図 2-5，図 2-7，第 4 章扉，図 4-2，図 4-5……写真提供：市立米沢図書館
図 1-3……『米沢市史』第 2 巻，556 頁をもとに作成
図 1-4，図 1-5，第 3 章扉……著者提供
図 2-1，図 2-2，図 2-8，図 3-1，図 3-2，図 3-3，図 3-4，図 3-5，図 5-3……写真提供：米沢市(上杉博物館)
表 1，表 2……小関悠一郎『〈明君〉の近世』27 頁，258-259 頁
図 2-4……写真提供：致道博物館
図 2-6……国文学研究資料館デジタル画像
図 2-9，図 4-1，表 3，図 5-2……『南陽市史』中巻，615 頁，61 頁，634 頁，596 頁
図 4-3，図 4-6……編集部撮影
第 5 章扉……写真提供：宮坂考古館
図 5-1……写真提供：早稲田大学図書館

作図　前田茂実(巻頭図米沢藩領，図 1-3，図 4-1)，編集部(巻頭図主要職制，図 2-3)

小関悠一郎

1977年，宮城県生まれ．2008年，一橋大学大学院社会学研究科修了．博士（社会学）．日本学術振興会特別研究員PDなどを経て，
現在－千葉大学教育学部准教授
専攻－日本近世史
著書－『〈明君〉の近世――学問・知識と藩政改革』（吉川弘文館）
『上杉鷹山と米沢』（吉川弘文館）
『藩地域の政策主体と藩政』（共編，岩田書院）
『よみがえる江戸時代の村田――山田家文書からのメッセージ』（共編，東北大学東北アジア研究センター）

上杉鷹山　「富国安民」の政治　　岩波新書（新赤版）1865

2021年1月20日　第1刷発行

著　者　小関悠一郎《こせきゆういちろう》

発行者　岡本　厚

発行所　株式会社　岩波書店
〒101-8002　東京都千代田区一ツ橋2-5-5
案内 03-5210-4000　営業部 03-5210-4111
https://www.iwanami.co.jp/

新書編集部 03-5210-4054
https://www.iwanami.co.jp/sin/

印刷製本・法令印刷　カバー・半七印刷

ISBN 978-4-00-431865-1　　Printed in Japan

岩波新書新赤版一〇〇〇点に際して

ひとつの時代が終わったと言われて久しい。だが、その先にいかなる時代を展望するのか、私たちはその輪郭すら描きえていない。二〇世紀から持ち越した課題の多くは、未だ解決の緒を見つけることのできないままであり、二一世紀が新たに招きよせた問題も少なくない。グローバル資本主義の浸透、憎悪の連鎖、暴力の応酬――世界は混沌として深い不安の只中にある。

現代社会においては変化が常態となり、速さと新しさに絶対的な価値が与えられた。消費社会の深化と情報技術の革命は、種々の境界を無くし、人々の生活やコミュニケーションの様式を根底から変容させてきた。ライフスタイルは多様化し、一面では個人の生き方をそれぞれが選びとる時代が始まっている。同時に、新たな格差が生まれ、様々な次元での亀裂や分断が深まっている。社会や歴史に対する意識が揺らぎ、普遍的な理念に対する根本的な懐疑や、現実を変えることへの無力感がひそかに根を張りつつある。そして生きることに誰もが困難を覚える時代が到来している。

しかし、日常生活のそれぞれの場で、自由と民主主義を獲得し実践することを通じて、私たち自身がそうした閉塞を乗り超え、希望の時代の幕開けを告げてゆくことは不可能ではあるまい。そのために、いま求められていること――それは、個と個の間で開かれた対話を積み重ねながら、人間らしく生きることの条件について一人ひとりが粘り強く思考することではないか。その営みの糧となるものが、教養に外ならないと私たちは考える。歴史とは何か、よく生きるとはいかなることか、世界そして人間はどこへ向かうべきなのか――こうした根源的な問いとの格闘が、文化と知の厚みを作り出し、個人と社会を支える基盤としての教養となった。まさにそのような教養への道案内こそ、岩波新書が創刊以来、追求してきたことである。

岩波新書は、日中戦争下の一九三八年一一月に赤版として創刊された。創刊の辞は、道義の精神に則らない日本の行動を憂慮し、批判的精神と良心的行動の欠如を戒めつつ、現代人の現代的教養を刊行の目的とする、と謳っている。以後、青版、黄版、新赤版と装いを改めながら、合計二五〇〇点余りを世に問うてきた。そして、いままた新赤版が一〇〇〇点を迎えたのを機に、人間の理性と良心への信頼を再確認し、それに裏打ちされた文化を培っていく決意を込めて、新しい装丁のもとに再出発したいと思う。一冊一冊から吹き出す新風が一人でも多くの読者の許に届くこと、そして希望ある時代への想像力を豊かにかき立てることを切に願う。

（二〇〇六年四月）

日本史

岩波新書/最新刊から

1855 **地方の論理** 小磯修二 著

霞が関の官僚から北海道の地方大学に身を投じ、地方の課題解決に取り組んできた著者が、自らの体験をもとに語る地方活性化のヒント。

1856 **がんと外科医** 阪本良弘 著

難治とされる肝がんや膵がん治療の最前線にいる外科医が、がん治療の歴史と現状、師からの指導、患者からの学びなどを綴る。

1857 **文在寅時代の韓国** ―「弔い」の民主主義― 文京洙 著

妥協なき民主主義の追求と「積弊の清算」を掲げるも、国内外で激しい毀誉褒貶と軋轢を生む文在寅政権。その達成と課題を描く。

1858 **グローバル・タックス** ―国境を超える課税権力― 諸富徹 著

巨大多国籍企業が台頭する中、苛烈を極める「租税競争」。その巧妙な仕組みを解き明かし、対抗していく具体的筋道を展望する。

1859 **デモクラシーの整理法** 空井護 著

デモクラシーとはどんな政治の仕組みで、どう使うのか。筋道を立てて解き明かし、政治の主役がスッキリと理解できるコツを伝える。

1860 **英語独習法** 今井むつみ 著

英語の達人をめざすなら、語彙全体での日本語と英語の違いを自分で探究するのが合理的な勉強法だ。オンラインツールを活用しよう。

1861 **広島平和記念資料館は問いかける** 志賀賢治 著

「あの日」きのこ雲の下にいた人々はどう生き、どう死んでいったのか。死者の生きた証を伝え続ける「記憶の博物館」の模索の軌跡。

1862 **太平天国** ―皇帝なき中国の挫折― 菊池秀明 著

清朝打倒をめざし、皇帝制度を否定した太平天国。血塗られた戦いから、皇帝支配という権威主義的統治のあり方を問い直す。

(2021. 1)